汉语语法分析问题

吕叔湘

商务印书馆

图书在版编目(CIP)数据

汉语语法分析问题/吕叔湘著.—北京:商务印书馆,2005(2022.11重印)

ISBN 978-7-100-04491-2

Ⅰ.①汉…　Ⅱ.①吕…　Ⅲ.①汉语—语法分析—研究　Ⅳ.①H14

中国版本图书馆CIP数据核字(2005)第038127号

HÀNYǓ YǓFǍ FĒNXĪ WÈNTÍ

汉语语法分析问题

吕　叔　湘

商　务　印　书　馆　出　版

(北京王府井大街36号　邮政编码100710)

商　务　印　书　馆　发　行

北京中科印刷有限公司印刷

ISBN 978-7-100-04491-2

1979年6月第1版　　开本850×1168　1/32

2022年11月北京第15次印刷　印张3⅛

定价:18.00元

目　　录

序

多年来想写一篇文章谈谈汉语的语法分析问题。主要是为了说明汉语语法体系中存在的问题何以成为问题，说明问题的来龙去脉，借以活泼思想，减少执着。同时也可以安抚一下要求有一个说一不二的语法体系的同志们的不耐烦情绪，让他们了解，体系问题的未能甚至不可能定于一，不能完全归咎于语法学者的固执或无能。这是本文的主要用意。当然，如果通过对问题的分析和说明，能把研究工作向前推进一步，那也是'固所愿也'。

中国之有语法学，如果从《马氏文通》的发表算起，到今年恰好是八十年。这八十年可以分成前后两个四十年。前四十年是各家著书立说，基本上没有提出问题来讨论。1938 年在上海，有几位语法学者发起了一场'文法革新'的讨论，持续了两三年。这以后，虽然专门著作还是继续有人在写，问题的讨论却只是间断了几年，在中华人民共和国成立之后又蓬勃展开。除零星的商讨外，几次较大的讨论，如 1953—1954 年关于词类问题的讨论，1955—1956 年关于主语宾语的讨论，1957 年关于单句复句的讨论，在深度和广度上都有所前进。后来也许由于学校教学方面已经有了一个暂行体系，这方面的讨论就渐渐冷了下来。最近这十来年，文化教育工作普遍受到'四人帮'的疯狂破坏，语法研究自然也谈不上了。然而讨论的趋于沉寂并不意味着问题已经得到解决。就以学校教学而论，不少在大学和师范学院教课的同志就常常遇到学生提出问题，这个词属哪一类，这个句子应该怎么分析，不能在现有的教材中找到答案。

有问题就得求解决。解决的途径首先在于对实际用例多做调查。很多人一提到语法研究，往往只想到语法体系方面的大问题，忘了这个和那个词语的用法（在句子里的作用），这个和那个格式的用法（适用的场合）和变化（加减其中的成分，变换其中的次序，等等），忘了这些也都是语法研究的课题。这方面的研究，过去是很不够的。这种研究看上去好像琐碎，好像‘无关宏旨’，实际上极其重要。首先，教学上需要。一个词语，一个格式，怎么用是合乎汉语的语法，怎么用是不合汉语的语法，要教给学生的不正是这些个吗？其次，这种个别词语、个别格式的研究和语法体系的研究是互相支持、互相促进的。这两方面的工作，说得简单点，一个是摆事实为主，一个是讲道理为主。事实摆得不够，道理也就难于说清。弄清楚各别词语、各种格式的用法，才能对语法分析提供可靠的依据。反过来说，没有比较好的语法分析，用法的说明就难于概括；同时，语法分析的探讨也常常给用法研究提出新的课题。有了这两方面的配合，语法研究才能顺利地前进。

一方面要广泛地调查实际用例，一方面也要不断地把问题拿出来理一理，看看这个问题是不是有可能或者有必要从一个新的角度或者更深入一层去考察，看看一个问题的探讨是不是牵动另一个问题。这样可以开拓思路，有利于寻求解决问题的途径。曾经在什么地方看见过引用一位物理学家的话，说是在科学上提出正确的问题比寻求正确的答案还要难。这个话是不是有点说过了头，也许还可以研究，可是问题提得对路，解决起来就比较容易，这个经验是人人都有的。

本文的宗旨是摆问题。问题摆出来了，有时候只提几种看法加以比较；有时候提出自己的意见，也只是聊备一说，以供参考。这些意见比较零散，不足以构成什么体系。其中也很少能说是作者的‘创见’。有的是很多人说过的，不用交代出处；有的只记得有人说过，出在哪本书或者哪篇文章上已经查不出来，只好在这里总的声明一句：没有掠美的意思。

提出各种看法，目的在于促使读者进行观察和思考。所希望得到的反应，不是简单的‘这个我赞成’，‘那个我不同意’，而是‘原来这里边还大有讲究’，因而引起研究的兴趣。如果进一步研究的结果，我这些意见全都被推翻，我也认为已经达到我写这本小书的目的了。

这本书原来是作为一篇论文来写的。虽然现在的篇幅已经不能容纳在期刊里而只能印成小册子，我还是准备读者把它当一篇论文来读。为了让读者能够痛痛快快地读下去，我把一些补充的材料，一些枝节的话，都写在附注里，并且放在全书之后。

本篇初稿写成之后，曾经用打印本征求意见，得到许多同志的指教。在修改定稿时，范方莲同志帮我做了一部分整理工作；还帮我看了全部校样。都在这里致谢。

作者

1978年6月15日

一 引 言

1 本文试图对汉语语法体系中存在的问题做一番检讨，看看这些问题何以成为问题，何以会有不同意见，这些不同的处理法的利弊得失又如何。

语法是语言的一个方面，对于语言的性质，特别是对于人们怎样学会一种语言，可以有不同看法，这自然要影响到研究语法的方法。现在国外的语法研究可以大致分为三大派：传统语法，结构主义语法，转换生成语法，我国语法学界比较熟悉的是传统语法。结构主义语法和转换生成语法各有一套理论，往往是引几个例子谈一个问题，的确能说得头头是道，因此我们应当对它们进行研究，弄明白究竟是怎么回事。可是到现在为止，还没有看到过应用结构主义语法理论或转换生成语法理论，全面地、详细地叙述一种发达的、有文学历史的语言的语法的著作，可以拿来跟用传统方法写出来的一些有名的著作相比较，这就未免有'雷声大，雨点小'的缺点。这是偶然抑或不是偶然，现在还很难说。下面谈问题，基本上还是在传统语法的间架之内谈，别的学派有可取之处也不排斥。

2 摆问题自然摆的是实质性问题，纯粹名称问题不去纠缠，比如'量词'、'单位词'和'单位名词'，就不值得争论。也有不纯粹是名称问题的名称问题，比如'短语'、'词组'和'结构'。词组，一般理解为必须包含两个以上的实词，一个实词搭上一个虚

词像'我们的|从这里'之类就不大好叫做词组(只能叫做'的字结构'、'介词结构'什么的),可是管它们叫短语就没什么可为难的。又如'来不及|看中了'之类介乎词和短语之间的东西,可以叫做'短语词',可决不能叫做'词组词'。至于'结构',一般要戴上个帽子,什么什么结构,光说'这是一个结构,不是一个词',似乎不行;而且'结构'既用来指关系,又用来指实体,有时候挺别扭,例如说:'这是一个动宾结构的词,不是一个动宾结构的结构'。

3 本文所用的术语,绝大多数都是现在通行的或者曾经有人用过的。关于术语,创新和利旧各有利弊。新的概念最好用新的术语来表示,但是不免增加读者的负担;反之,利用旧的术语而改变它的涵义,不论怎么声明,总是难以避免读者误解。本文不是为了提出一个新的语法体系,所以还是尽量利用旧的术语。但是有时候经过一番议论把一个名称或多或少的改变了它的内容,那么在这以前和这以后这个术语的意义就不一样了。这对于读者是一种不便,可是也想不出很好的办法。

此外还有一个使用上的严格和变通的问题。比如用'动词'代表'动词和动词短语',或者用'动词'代表'谓语动词',这都是变通,在不至于误会的场合,似乎比较省事,可以避免烦琐。当然,最好是用字母做代号,但是考虑到有些读者见了代号就不爱看,本文没有用代号。

4 比起西方语言来,汉语的语法分析引起意见分歧的地方特别多,为什么?根本原因是汉语缺少严格意义的形态变化。一般地说,有两个半东西可以做语法分析的依据:形态和功能是两个,意义是半个,——遇到三者不一致的时候,或者结论可此可彼的时候,以形态为准。重要的是末了这句话。例如安全剃刀,论功能，论意义，安全都该是形容词，可是如果这个语言（比如英语）里安全在这里带上名词语尾，那它就只能是名词。又如我冷，论词序，论意义，我都该是主语，可是如果这个语言（比如德语）里我在这里带的是非主格语尾，冷在这里带的是第三人称语尾，那就只能说这是个无主句。又如铁路，论意义可以是一个短语，也可以是一个词，如果铁和路都有一定的语尾（甚至中间有一个介词），铁路就是一个短语，如果只有路后头有一定的结尾，铁路就是一个词。

5 汉语有没有形态变化？要说有，也是既不全面也不地道的玩意儿，在分析上发挥不了太大的作用。由于汉语缺少发达的形态，许多语法现象就是渐变而不是顿变，在语法分析上就容易遇到各种'中间状态'。词和非词（比词小的，比词大的）的界限，词类的界限，各种句子成分的界限，划分起来都难于处处'一刀切'。这是客观事实，无法排除，也不必掩盖。但是这不等于说一切都是浑然一体，前后左右全然分不清，正如中高纬度地方不像赤道地方昼和夜的交替在顷刻之间，而是黎明和黄昏都比较长，但是不能就此说那里没有昼和夜的分别。积累多少个'大同小异'就会形成一个'大不一样'。这是讨论语法分析问题的时候须要记住的一件事。

6 由于汉语缺少发达的形态，因而在做出一个决定的时候往往难于根据单一标准，而是常常要综合几方面的标准。例如不能只凭一个片段能否单用决定它是不是一个词，不能只凭一个词能否跟数量词组合决定它是不是名词，不能只凭一个名词在动词之前或之后决定它是主语还是宾语，如此等等。既然要综合几方面的标准，就有哪为主哪为次，哪个先哪个后的问题，就会得出不同的结论。这其间可能有这个较好那个较差的分别，很难说这个是绝对的是，那个是绝对的非。这是研究语法分析问题的时候须要记住的另一件事。

7　在语法分析上，意义不能作为主要的依据，更不能作为唯一的依据，但是不失为重要的参考项。它有时候有‘速记’的作用，例如在辨认一般的（不是疑难的）名词、动词、形容词的时候。有时候它又有‘启发’的作用，例如在调查哪些形容词能受程度状语修饰的时候，又如在区别不同种类的宾语的时候。至于一个‘语法实体’（一个词类，一种句子成分）归纳出来之后，不能光有一个名目，不给它一点意义内容，那就更不用说了。传统语法在一定程度上利用意义，可是对于如何利用，又如何控制，没有很好的论述，这是它在理论方面的弱点。但是跟某些结构主义学者的拼命回避意义、一头钻进死胡同比起来，不失为聪明；跟某些转换生成语法学家的明明从意义出发、却矢口否认比起来，不失为老实。

下面分三章分别谈单位、分类和结构三方面的问题。

二　单位

8 对语言进行语法分析，就是分析各种语言片段的结构。要分析一个语言片段的结构，必须先把它分解成多少个较小的片段，这些小片段又可以分解成更小的片段。结构就是由较小的片段组合成较大的片段的方式。所以，要做语法结构的分析，首先得确定一些大、中、小的单位，例如'句子'、'短语'、'词'。

中国的传统的用语是'字'和'句'。再上去就是'章'和'篇'，按照现代的学科分工，已经不在语法论述的范围之内了。传统的'字'，既指书面上的一个个方块字，也指说话里边的一个个音节，不管它在多大程度上独立的起表达作用。传统的'句'指说话和读书的时候两个停顿之间的一个片段，不管意义上是否告一段落。用传统的'字'和'句'来分析古汉语的语法结构，也许还可以试试，用来分析现代汉语，显然行不通了。现在用'词'和'句子'来代替'字'和'句'，'词'比'字'大，'句子'比'句'大。多少跟'字'相当的单位，现在管它叫'语素'；多少跟'句'相当的单位，有的管它叫'小句'（分句），有的管它叫'短语'（词组）。讲西方语言的语法，词和句子是主要的单位，语素、短语、小句是次要的。（这是就传统语法说，结构主义语法里边语素的地位比词重要。）讲汉语的语法，由于历史的原因，语素和短语的重要性不亚于词，小句的重要性不亚于句子。

9 **语素**。最小的语法单位是语素，语素可以定义为‘最小的语音语义结合体’。也可以拿‘词素’做最小的单位，只包括不能单独成为词的语素。比较起来，用语素好些，因为语素的划分可以先于词的划分，词素的划分必得后于词的划分，而汉语的词的划分是问题比较多的。（这里说的‘先’和‘后’指逻辑上的先后，不是历史上的先后。）语素有三方面的问题：大小问题，异同问题，以及与汉字对应的问题。

10 汉语的语素，单音节的多，也有双音节的，如疙瘩，逍遥，还有三个音节以上的，如巧克力，奥林匹克，都是译音。有很多双音节，里边是两个语素还是一个语素可以讨论，例如含胡（比较含混，胡涂），什么（比较这么，那么，怎么）。这是语素大小问题。

11 一个语素可以有几个意思，只要这几个意思联得上，仍然是一个语素，例如工有工作、技术、精巧等意思，都联得上，只是一个语素。如果几个意思联不上，就得算几个语素。例如公有共同、公平等意思，又有公[侯]、公[婆]、公的[母的]等意思，这两组意思联不上，得算两个语素。有时候，几个意思联得上联不上难于决定，例如快递、锐利的快和愉快、痛快的快。这是语素异同问题。

这两个问题都可以说是‘一个还是两个？’的问题，不过前一个是一根绳子切不切成两段的问题，后一个是一根绳子掰不掰成两股的问题。

12 辨认语素跟读没读过古书有关系。读过点古书的人在大小问题上倾向于小，在异同问题上倾向于同。大小问题如经济，一般人觉得它跟逻辑一样，不能分析，读过古书的人就说这是‘经世济民’的意思，经和济可以分开讲，是两个语素。异同问题如书信的信和信用、信任的信，一般人觉得联不上，念过古书的人知道可以通过信使的信（古时候可以单用）把前面说的两种意思联起来，认为信只是一个语素。

13 **语素和汉字**。汉语的语素和汉字，多数是一对一的关系，但是也有别种情况。语音、语义、字形这三样的异同互相搭配，共有八种可能：两同一异的有三种，一同两异的有三种，全同的和全异的各一种。

（音）	（义）	（形）	（例）	（语素）	（字）
同	同	同	圆	1	1
同	同	异	圜、园	1	1（异体字）
同	异*	同	会合、会能	2	1（多义字）
异	同	同	妨 fāng～fáng	1	1（多音字）
异	异*	同	行 xíng～háng	2	1（多音多义字）
异	同	异	行、走	2	2（同义字）
同	异	异	圆、园	2	2（同音字）
异	异	异	圆、方	2	2

以上所说三个问题的情况，都是在一定程度上简单化了的。实际情况比这复杂，疑难问题是不少的。

14 关于语素，还有一个问题。有时候一个语素可以用于两个词类，意思密切相关，例如‘一把锁’和‘锁上门’的锁，‘一个姓’和‘他姓姚’的姓。是一个语素、一个词呢，还是两个语素、两个词？一般认为词类不同就得算两个词，可是基本意义不变只是一个语素，这样就该作为一个语素、两个词。如果可以这样处理，那么像‘把门’的把，‘把门锁上’的把，‘一把锁’的把，就是一个语素

* 指有联不到一块的几个或几组意义，联得上的仍算‘同’。

三个词了。

15 词。比语素高一级的单位是词。词的定义很难下，一般说它是‘最小的自由活动的语言片段’，这仍然不十分明确，因为什么算是‘自由活动’还有待于说明。最好是用具体事例来给词划界。词在两头都有划界问题：一头是如何区别单独成词的语素和单独不成词的语素；另一头是如何决定什么样的语素组合只是一个词，什么样的语素组合构成一个短语。

先说第一个问题，即一个语素成词不成词的问题。第一条，可以单独作为一句话来说的，比如可以回答问话的，是不成问题的词。第二条，一句话里边把所有可以单说的部分都提开，剩下来不能单说，可也不是一个词的一部分的，也是词。例如‘我下午再来’这句话里边，把我，下午，来提开，剩下再是一个词，虽然它不能单说。可是如果在‘比赛现在开始’这句话里边，把比赛、现在提开之后，又把开提开，说始是剩余下来的词，那就不对，因为始是开始这个词的一部分。上面定义里边说的‘自由活动’，不但包括来这一类语素，也包括再这一类语素，但是不包括始这一类语素。

大概说来，能单说的多数是实词，少数是虚词；大多数虚词是靠第二条划出来的，少数实词也靠这一条。

16 以上有意把问题说得简单些，借以突出要点。实际情况比这复杂，下面是几种值得研究的情况。

(1) 一般不单用，但在一定的格式里可以单用（‘单用’包括来等和再等两类）。

楼：楼房，大楼，前楼，后楼（一般）；但三号楼。

院：医院，剧院，研究院（一般）；但院领导，院一级。

(2) 一般不单用，但在专科文献里可以单用。

氧气（一般）；氧（化学）。

叶子，树叶（一般）；叶（植物学）。

（3）一般不单用，成语、熟语里可以单用。

老虎（一般）；前怕狼，后怕虎（成语）

言语（一般）；你一言，我一语（熟语）。

（4）说话不单用，文章里可以单用。

云彩（说话）；云（文章）。

时候（说话）；时（文章）。

像这些情况该怎么处理？按说，能单用的语素不一定只能单用，有时候也跟别的语素组合成词，比如来也出现在‘来源|来宾|将来|往来’这些词里，再也出现在‘一再|再三|再会|再版’这些词里。能不能援这个词，无条件地承认楼，叶，虎等等也是能单用的语素，是一般的词呢？要是这样，就抹杀了一个重要的事实：这些语素在一般场合是不能单用的。

17 一个语素可以有互相联系的好几个意义，其中有的能单用，有的不能单用。例如工，在工人，工艺，工业这些意义上是不能单用的，在工作（如上工），工程（如开工），计工单位（如三工）这些意义上是可以单用的。遇到这种情形，如果受汉字的约束，就要在工字是词不是词上头决断不下。可不可以说：工这个语素有两个变体（似乎不必作为两个语素），一个能单用，是词，一个不能单用，是构词的语素？

18 总起来说，语素可以分成四种。（1）能单用的，单用的时候是词，不单用的时候是构词成分。（2）一般不单用，在特殊条件下单用的，单用的时候是词。（3）不单用，但是活动能力较强，结合面较宽，有单向性，即只位于别的语素之前，或别的语素之后，或两个语素之间。这是所谓‘前缀’，‘后缀’，‘中缀’，可以总的称为‘词缀’或‘语缀’。‘语缀’这个名称也许较好，因为其中有几个不限于构词，也可以加在短语的前边（如第）或后边（如的）。语缀和词的界限也难划，例如单音方位词和某些量词就很像后缀。（4）不单用，结合面较窄，但不限于在前或在后，专作构词成分，可以称为‘词根’。

19 **词和短语**。现在来讨论第二个问题，一个语素组合是词还是短语的问题。前面谈一个语素是词不是词的问题，要考虑的只有一个因素：能不能单用。语素组合的问题就复杂了，大致涉及五个因素：第一，这个组合能不能单用，这个组合的成分能不能单用；第二，这个组合能不能拆开，也就是这个组合的成分能不能变换位置或者让别的语素隔开；第三，这个组合的成分能不能扩展；第四，这个组合的意义是不是等于它的成分的意义的总和；第五，这个组合包含多少个语素，也就是它有多长。这五个因素不是互不相关，可是不相一致，常常有矛盾，问题讨论起来够复杂的。这里不能详细讨论，只能提出几个问题来谈谈。

20 先说一个组合的成分能不能单用的问题。除了所有的成分都不能单用就不可能是短语外，似乎成分的能不能单用跟整体的能不能单用、是词还是短语，没有一定的关系。看下面的例子：

单用 ＋单用	→短语	工人农民
	→词	田地
	→不单用	高射
单用 ＋不单用	→短语	老师同学们
	→词	高兴
	→不单用	高速
不单用＋不单用	→词	典型
	→不单用	微型

单纯用有没有不单用的成分来决定一个组合是词还是短语，显然

行不通。有一个过去常引用的例子,说是如果因为驼和鸭不能单用,所以驼毛和鸭蛋是词,因为羊和鸡可以单用,所以羊毛和鸡蛋是短语,那是非常可笑的。应该认为羊毛和鸡蛋也是词。

再说,如果一个组合里有一个不单用的成分就认为这个组合是词,那么,一个带语助词的句子就也得算是一个词,因为语助词是绝对不能单用的。能有那么长的词吗?

其次,整个组合如果能单用就是词(或短语),如果不能单用
21 就不是词而只是构词的成分,这样规定看上去是合理的。可是遇到一个问题:比如说高射不是词,高射炮才是一个词,孤立起来看这个例子,说得通,但是高射机关枪呢?就有点为难了。高射不能单说,这是事实,能不能算是可以单用呢?值得考虑。有很多语素组合是属于高射一类的,这一类组合又常常跟别的组合(不能单用的和能单用的)连成很长一串,例如'袖珍英汉词典|大型彩色纪录片|同步稳相回旋加速器|多弹头分导重入大气层运载工具',等等。说这些都只是一个词,行吗?从语法理论这方面讲,没什么不可以,但是一般人不会同意。一般人心目中的词是不太长不太复杂的语音语义单位,大致跟词典里的词目差不多。这可以叫做'词汇的词',以区别于'语法的词'。咱们不能忘了,词这个东西,不光是语法单位,也是词汇单位。二者有时候一致,有时候不一致,因为所用标准不同。袖珍,英汉,大型,彩色,同步,稳相,多弹头,这些都可以算是词汇词。语法上是不是也可以承认它们是词呢?要找根据也不难,语助词不都是不能单说的吗?还有介词、多数连词和多数副词,也都是不能单说的。

上面举的是名词的前加成分的例子,同样的情况也见于动词的前加成分,如'超额完成|加倍努力|按劳分配|准时到达|定期

汇报|高价收购’。这里边的超额，加倍，按劳，准时，定期，高价，也都是不能单说的，但是如果不承认它们可以单用，因而可以算是词，就不好办。

22 从词汇的角度看，双语素的组合多半可以算一个词，即使两个成分都可以单说，如电灯，黄豆。四个语素的组合多半可以算两个词，即使其中有一个不能单说，如无轨电车，社办工厂。三个语素的组合也是多数以作为一个词较好。例如人造丝可以向人造纤维看齐，作为两个词，但是人造革只能作为一个词，与其把人造丝和人造革作不同处理(类似鸡蛋和鸭蛋问题)，不如让人造丝和人造纤维有所不同。同类的例子有‘耐火—材料∶耐火砖|生物—制品∶豆制品|高压—电线∶高压线|自由—体操∶自由泳’。不妨说，拿到一个双语素的组合，比较省事的办法是暂时不寻找有无作为一个词的特点，而是先假定它是词，然后看是否有别的理由该认为是短语。同样，拿到一个四语素的组合，可以先假定它是两个词，然后看是否有别的理由该认为是一个词。在这里，语素组合的长短这个因素起了很大的作用。

23 现在来谈谈有没有专门意义的问题。向来有一种意见，认为如果一个组合的意义等于它的成分的意义的总和，那么这个组合是一个短语；如果不是这样，这个组合就是一个词。同一个‘吃饭’，如果吃的是米饭，吃饭是短语；如果吃的是馒头或者面条，吃饭是‘进餐’的意思，那就是一个词。又如‘大车’是个词，因为不是所有大的车都能叫做大车，只有牲口拉的两个车轮的载重车才叫大车；相反，‘大树’是个短语，因为意思就是大的树。这个意见也是从词汇的角度考虑的结果。有专门意义的组合是一个新的词汇单位，没有专门意义的组合没有增加新的东西。从语法

的角度看，有没有专门意义只有参考价值，没有决定作用。拿‘吃饭’来说，只是饭的意义不同，吃和饭的关系没有什么不同，一切语法格式变化，如‘吃着饭|饭不吃了’等等，对两种意义的‘吃饭’都适用，没什么两样。同样，‘大树’和‘大车’在语法上也难于分别。

24 ‘大树’和‘大车’都是形容词加名词。我们知道，形容组合不是很自由的，特别是单音形容词。例如我们说‘高山’，不说‘高树’，说‘错字’，不说‘错数目’，说‘脏衣服’，不说‘脏鞋’，说‘闲工夫’，不说‘闲日子’，说‘巧手’，不说‘笨手’，说‘热炕头’，不说‘冷炕头’，等等。组合不自由，就是有熟语性，这是复合词的特点。短语的组成，原则上应该是自由的，应该是除意义之外没有任何限制的。

25 有人说，‘大树’可以换成‘大的树’，‘大车’不能换成‘大的车’，这是语法上的分别。不对，这仍然是‘大车’的词汇意义所加的限制。并且‘大树’和‘大的树’也不是一回事，在语法上是很有分别的。把‘大的树’和‘大树’等同起来，好像有没有一个的字没有什么关系，这就小看了这个的字了。的字虽小，它的作用可不小。没有的字，前边的形容词和后边的名词都不能随便扩展，有的字就行了，例如‘挺大的一棵百年老树’（‘大树’至多能换成‘大松树’，‘大柳树’）。可见有的和没有的是很不相同的两种结构，即使都叫做短语，也应该有所区别。事实上碰巧‘大’和‘树’中间可以加个的，有很多单音形容词和名词的组合是不大能在中间加的的，例如‘大雪|小雨|清水|闲人|怪事|胖娃娃’。不用单音形容词而用双音形容词做例子，也是不加的字则形容词和名词都不能扩展：‘老实人：非常老实的老人|整齐房子：很整齐

的新房子|干净衣服：干干净净的一套衣服’。又例如，我们说‘历史研究和历史教学’，也说‘历史的研究和教学’，但是‘历史研究和教学’就不是真正的口语形式，只能作为标题或者书刊的名称。

形动或副动组合也有这种情形，例如：‘仔细检查：很仔细地检查|老实说：老老实实地说出来|偶然遇见：极偶然地遇见’。（另外，有很多单音加单音的组合中间不能加地，如‘大干|快上|高举’。）

动形组合也有这种情形，例如：‘变老实了：变得非常老实了|摆整齐：摆得挺整齐的|洗干净：洗得十分干净’。

以上举例的几种类型的组合，那些加进去了的、地、得因而它的成分可以扩展的，是短语，不成问题。那些没有加进去的、地、得因而它的成分不能扩展的组合，它的地位介乎词和短语之间。如果把它算在短语里边，可以叫做‘基本短语’，而把前边那一种叫做‘扩展了的短语’；如果把它算在词里边，可以称为‘复合词’，但是那样就得给一般所说的复合词如看重，改正，加强，扩大之类（这些都是不能在两个成分中间加进任何字眼的）换个名称以示区别。要是这有困难，就只好把这种短语式的词简单点叫做‘短语词’了。

26 动形组合除能在中间加进去助词得外，还有一种变化，在动词和形容词中间加进去表示可能性的得和不，如‘看清|看得清|看不清’。动词加趋向动词的组合的情况跟动形组合差不多，不过变化形式还要多些：‘拿出|拿得出|拿不出|拿出来/去|拿得出来/去|拿不出来/去|拿了出来/去’。这两种组合，没有加进去得、不的时候，像一般的复合词；加进去得、不之后，前后两部分仍

然不能扩展，因而还不像一般的短语，还只能算是短语词。

27 最后谈谈一个语素组合能不能拆开的问题。按说，一个组合的成分要是可以拆开，可以变换位置，这个组合只能是短语。可是有些组合只有单一的意义，难于把这个意义分割开来交给这个组合的成分，例如‘走路|洗澡|睡觉|吵架|打仗’，等等，因此有人主张管这种组合叫‘离合词’，不分开的时候是词，分开的时候是短语。可是这种组合的语法特点跟一般的动名组合没有什么两样。例如：

看了半天书	打了三年仗	睡了一会儿觉
看新书	打胜仗	睡午觉
书看完了	仗打赢了	觉睡够了

这里又遇到了语法和词汇的矛盾。从词汇的角度看，‘睡觉’，‘打仗’等等都可以算做一个词，可是从语法的角度看，不得不认为这些组合是短语。

28 一般称为‘简称’的那种组合，其地位也是介乎词和短语之间。从意义方面看，简称代表全称，是短语性质，可是从形式方面看，简称不同于全称，更像一个词。实际上简称是一种过渡形式，用得多，用得久，就变成一个词，以致很多人都忘了它原来是一个简称了，例如：语文，科技，党委，支书，归侨，外贸。当然，有些简称会长期保持它的简称的身份，例如机关、学校的名称，像‘北大|长影’，以及带数字的简称，像‘三反|四害’。它们的性质比较近于短语词。

29 还有一种组合，有几分像简称，但是不能叫做简称。例如：‘轻重工业’，‘上下水道’，是由‘轻工业重工业’，‘上水道下水道’省并而成；‘新旧图书’，‘中西药品’，是由‘新书旧书’，‘中药西药'省并加字而成;'水陆交通'是由'水上陆地'省缩加'交通'而成,'城乡居民'是由'城市乡村'省缩加'居民'而成('水陆'和'城乡'都不能单用,因而不能算简称)。这类组合是一种凝固的短语。

30 **小句和句子**。一般认为比短语高一级的单位是句子,句子有单句复句之分,一个复句里边包含几个分句。除单句复句问题留在 **97** 节讨论外,有三个问题想在这里谈一谈。

第一个问题似乎只是一个小问题,一个名称问题:叫做分句好还是叫做小句好?叫做分句是假定句子是基本单位,先有句子,分句是从句子里划分出来的。叫做小句就无须作这样的假定,就可以说:小句是基本单位,几个小句组成一个大句即句子。这样就可以沟通单句和复句,说单句是由一个小句组成的句子。如果改用分句,说单句是由一个分句组成的句子,就显得别扭。(这个情形跟'语素'还是'词素'的问题十分相似,参 **9** 节。)用小句而不用句子做基本单位,较能适应汉语的情况,因为汉语口语里特多流水句,一个小句接一个小句,很多地方可断可连。试比较一种旧小说的几个不同的标点本,常常有这个本子用句号那个本子用逗号或者这个本子用逗号那个本子用句号的情形。

第二个问题是小句包括不包括有些书上叫做子句、有些书上叫做主谓短语的那种组合。这两种办法各有利弊,何去何从是一个值得考虑的问题。权衡得失,似乎还是叫做主谓短语从而排除在小句之外为好。这主要是联系下一个问题来考虑的结果。

31 第三个问题是短语和句子是不是一个单纯上下级关系的问题。从一个角度看,短语比句子小,句子里边常常包含短语,短语里边难得包含'句子',显然句子是比短语高一级的单位。可是从另一个角度看，句子跟词和短语又有一个重要的分别：词，短语，包括主谓短语，都是语言的静态单位，备用单位；而句子则是语言的动态单位，使用单位。说话起码得说‘一句’，这‘一句’可以很简单，简单到只有一个单语素的词，如‘好！’，也可以很复杂，复杂到包含上百个语素，组成多少个词，多少个短语。而词和短语则是按复杂的程度区分，各有各的范围，尽管有时候界限不清或者长短颠倒（如‘照相’是短语，‘照相机’是词）。更重要的是，句子说出来必得有语调，并且可以用不同的语调表示不同的意义；而词和短语，如果不单独作为一句话来说，则只有一种念法，没有几种语调。虽然从结构上说，句子大多具有主语和谓语两部分，可是这不是绝对的标准。即使只是一个短语或一个词，只要用某种语调说出来，就是句子，听的人就知道这句话完了；即使已经具备主语和谓语，只要用另一种语调说出来，就不是句子，听的人就等着你说下去。书面上，句子终了的语调用句号、问号、叹号来代表，有时候也用分号。（需要注意的是，往往在句子应该已经终了的地方用的不是句号而是逗号，做语法分析的时候不能以此为依据。这固然跟作者使用标点符号的习惯有关，但是也有客观的原因，就是上面说过的，汉语口语里用得特别多的是流水句，很多地方可断可连，如果‘句子’观念不强，就会让逗号代替了句号。）

总起来说，语言的静态单位是：语素，词，短语（包括主谓短语），以及介乎词和短语之间的短语词，其中语素是基本单位。语言的动态单位是：小句，句子（一个或几个小句），小句是基本单位。静态单位和动态单位之间的关系是：一个小句一般是一个主谓短语；也常常是一个动词短语（包括只有一个动词）；在少数情

况下是一个名词短语(包括只有一个名词)。这三种情况同样适用于独立的小句(＝句子)和非独立的小句。如下:

	独立小句	非独立小句
主谓短语	你知道?	你知道,[我可不知道。]
动词短语	快来!	[你要看,]快来!
名词短语	一个脚印!	一个脚印罢了,[也值得大惊小怪!]

32 比句子大的单位是段,大段,全篇(或章,节)。一般讲语法只讲到句子为止,篇章段落的分析是作文法的范围。事实上,句和句之间的联系,段和段之间的联系,往往也应用语法手段(主要是虚词);但是除此之外还有其他手段,如偶句,排句,问答等等;还常常只依靠意义上的连贯,没有形式标志。因此,篇章段落的分析方法和句子内部的分析方法有较大的差别,语法分析基本上到句子为止,还是有点理由的。

33 **小结**。现在可以把以上说的做个小结。这里边包括一些还没有定论的问题,只是既叫做小结,就不宜于罗列纷繁,只好姑且把个人的不成熟的意见写在里边。

(1)语素有能单用的,有不能单用的。能单用的又有两种:一种是能单说的,如来;一种是不能单说但是也可以不跟别的语素组成一个词的,如再。这两种都是词。不能单用的语素,或者是语缀,或者是词根。

(2)词可以分为单语素词和多语素词。单语素词和多语素词的活动能力不一样,前者受到一些限制,如 **16** 节所举的例子。又如一个字的地名,一个字的姓,一个字的名字,一般不能单说,必得凑上一个字:比较大兴和通县|欧阳和小杨|秀芳和阿秀。还有许多别的事例。这种限制起源于语音(双音化的趋势),影响到

语法。

(3)词的组合是短语。在词和短语的划分上,语法原则和词汇原则有时候有矛盾。语法原则强调的是这个组合不容易拆开,它的组成部分不能随意扩展。词汇原则强调的是这个组合不太长,有比较统一的意义。如果能用不同的名称来称呼'语法的词'和'词汇的词',这个矛盾就解决了;但是现在还没能做到,还不能不共用一个名称。

(4)语法原则和词汇原则的矛盾表现在:

(a)语法上可以认为是一个词,而词汇上宁可认为是一个短语:

大树|老实人|干净衣服|袖珍英汉词典
大干|老实说|超额完成|仔细检查
说清楚|看不完|拿得出|笑了起来

这些例子形成一种词和短语的中间物,可以称为基本短语或短语词。

(b)词汇上可以认为是一个词,而语法上宁可认为是一个短语:

走路|打仗|睡觉

这种例子最好还是归入短语。

(5)简称和'轻重工业'之类是短语的凝固形式,也可以视为特殊的短语词。

(6)不用主谓关系的有无来区别句子和短语。句子可以在形式上不具备主语和谓语两部分;短语可以包括主谓短语。
(7)语素、词、短语是静态单位,小句和句子是动态单位。

三　分类

34 首先一个问题是为什么要给词语分类(首先是词,其次是短语)?回答是主要为了讲语句结构:不同类的词或短语在语句结构里有不同的活动方式。有人说,区分词类不是为了讲语句结构,而是因为词本身的特点值得分类,需要分类。这个话,对于有发达的形态的语言也许适用,对于汉语不适用,因为'词本身的特点'实际上就指的是形态变化。有发达的形态的语言,不同词类有不同的形态变化,甚至同一词类的形态变化还分类型,哪些词属 A 型,哪些词属 B 型,一点儿错不得,分了类才好记好查;汉语没这种问题。即便拿形态发达的语言来说,划分词类是为了讲语句结构这句话仍然是对的,因为词只有在语句里边才有各种变化形式,孤立的词,词典里的词,是从这个词的众多形式中抽象出来的基本形式,不把它用到语句里去是不需要知道它的形态变化的。

35 **结构分类和功能分类**。说到给词语分类,首先要辨别一种语言单位的分类有'向下看'和'向上看'两个角度。'向下看'的意思是看这个单位是怎样由下级单位组成的,例如把词分成简单词,复合词,又把复合词分成并列式,主从式等等。这叫做按结构分类。'向上看'则相反,是看这个单位在上级单位里担任什么角色。例如有一些词经常在句子里做谓语,算是一个类,称为动词;另有一些词经常跟动词发生施事、受事以及别种关系,算是另一个类,称为名词。这叫做按功能分类,也就是一般所说的分词类。词和短语是中间单位,都可以有两种分类法。语素是最低一级的单位,只能按功能分类。句子一般说是最高一级的单位,只能按结构分类,其实也还可以按功能分类,不过这方面过去不怎么理会。

36 西方语法用形态变化做划分词类的依据,一方面可以归入按结构分类法,因为形态变化可以包括在广义的结构之内,另一方面又跟按功能分类有联系,因为形态变化不同的词在语句里的功能也不同。作为分类的依据,形态变化比句法功能更可靠,因为词在语句里的用法有固有的、转变的、活用的各种情况,而形态变化是'说一不二'的。汉语没有严格意义的形态变化,就不能不主要依靠句法功能(广义的,包括与特定的词的接触)。在有形态变化的语言里,词性的转变或活用也在形态上表示出来,而汉语则没有这种标志,因而在处理词性转变问题上常常会出现不同的意见,底下再谈(参看 **53** 节)。同时我们也不要忘了,就是有形态变化的语言,也少不了有一些没有形态变化的'小词',要给它们分类也得依靠句法功能。

37 用句法功能做划分词类的依据,有单一标准和多重标准的问题。单一标准当然最好,但是往往找不着理想的标准。理想的标准应该是对内有普遍性,对外有排他性(不开放性),也就是说,用这个标准划定的一类词确实是'应有尽有,应无尽无',否则就有'失入'或者'失出'的毛病。(这个话好像有点'唯心',似乎已经先划定了范围再找形式上的标准似的。不是这样。应该这样来理解:标准要选得好,恰好抓住本质性的特点。太宽了,划出来的类的内部就难免混杂;太窄了,有些基本上特点相同的词被排除在外。)找不着这种理想的标准,就不得不采用多重标准,而多重标准的结果总是参差的,就有协调的问题。以动词为例,如果拿能做谓语做标准,就把形容词包括进来了;即使认为形容词可以跟动词合并,也还有介词带名词做谓语的;即使连介词也算动词,仍然有名词或数量词直接做谓语的问题。于是不得不用另外的标准来补充,如:能否用不来否定,能否带了,过,着,能否重叠等等。而这些标准也没有一种是恰到好处的,必须解决如何综合利用的问题。

38 再一个问题,词类的划分是否分成几个大类就够了,还是要进一步分小类?事实是在分大类的时候已经常常涉及小类,例如方位词是单独作为一类好呢,还是作为名词的一个小类好?指别词和代词是合成一类好呢,还是分作两类好?本来,分类的目的是显示事物的异同,世界上各种事物,包括有形的和无形的,总是有同有异,有大同小异,有小同大异,情况极其复杂。这一切都反映在词语的形式上,反映在语词的用法上,光是分成十个八个类是不够说明问题的。语词的分类(语法上的分类,不是语义上的分类)虽然不能够也用不着像生物分类那样,按门,纲,目,科,属,种一层层分下去,但是有的类分个两次三次还是有用处的,例如动词就很有细分的需要。这也是推进语法研究的途径之一。

39 另一方面,又有概括性更大的超级大类的问题。不少语法著作里提到实词、虚词的分别,可是对于怎样划分有不同的主张,例如指代词和副词算实词还是虚词,意见就不一致。按中国古来传统,指代词属于虚词,是从意义上考虑。要是从句法功能看,指代词大多数与名词、形容词相当,就应当归入实词。副词呢，从句法功能看，也应当归入实词，可是他们的意义有比较实的，也有比较虚的，少数是虚而又虚，如：就，才，还，也，又。因此有的书上把指代词称为'半虚词'，把副词称为'半实词'，这也可见虚词和实词难于截然划分了。又如有些书上把方位词列为名词的附类，把判断词（是），助动词，趋向动词列为动词的附类，也是因为这几类词虽然包括在实词（名，动）范围之内，但是它们的作用是辅助性的，跟虚词相近。看来光在'虚、实'二字上琢磨，不会有明确的结论；虚、实二类的分别，实用意义也不很大。

倒是可列举的词类（又叫封闭的类）和不能列举的词类（又叫开放的类）的分别，它的用处还大些。指代词，方位词，数词，量词，趋向动词，助动词（范围有问题），介词，连词，助词是可列举的词类；名词，一般动词，形容词，副词是不能列举的词类。可列举的词类也不都是大门关得严严的，比如数词是不大会有新的出现的，可是量词就很难说，不定哪天冒出一个新的来，但是决不会不断地有新的参加；名词等类就不同了，新的名词几乎每天都在产生，动词、形容词也时常有新的出现，副词差点儿。一部较详细的语法书，从原则上讲，应当把每个可列举的词类的成员全部列举，不应当满足于举例。

另外，也可以把词类概括为体词，谓词，小词三类。体词包括名词，指代词，数词，量词，方位词，这些词类的功能有共同之处，所以体词这个名称有用。谓词只包括动词和形容词两类；如果形容词合并在动词里边，那么谓词就跟动词是一回事了。

下面按一般认可的词类分别谈谈存在的问题，最后谈谈兼类即跨类的问题。

40 **名词**。名词里边除指具体事物的一般名词外，专有名词、集体名词、抽象名词都各自称为特殊的小类，跟能不能用数量词以及适用哪一类量词有关。名词这个类里边最困难的问题还是怎样区别哪些动词已经转变成名词（兼属两类），哪些动词只是可以'名用'，还没有转变成名词。

41 **方位词**。方位词一般作为名词的一个附类，其实也可以考虑单独作为一类。方位词跟名词的关系类似介词跟动词的关系，在句法功能上都已经有明显的分化。单音方位词和双音方位词的性质也有所不同，单音方位词主要是附在名词之后，构成方位短语。只有在'往里'，'向上'这类组合里不是附着于名词，但也不一定非算做词不可，把'往里'，'向上'整个地算做词也是可以的（比较从前，往后）。另外，有人把用在名词前边的方位词算做形容词，如'前门'的前，'东城'的东，这也是不必要的。我们可以说单音方位词有三种用途：(1)构成方位短语，(2)做复合名词中的前加成分，(3)跟介词组合成副词。双音方位词只有两种用途：(1)构成方位短语，(2)单用（'之×'，'以×'除外）。

42 **量词**。有的语法著作里把量词也作为名词的一个附类，但是从句法功能看，量词比方位词更有理由独立成为一类。量词和数词也许是词类中问题最少的两类。只是量词有一个小问题，就是有那么一些词，前边可以直接数词而后边不要求有名词，如年，季，天，夜，块（元），毛，分，卷，章，节，页等。这些词可以算是特殊的名词，能直接跟数词组合，中间排斥量词；也可以算是特殊的量词，语义上可以自足，不需要另有名词。比较起来，似乎后一种处理较好，因为这种'自主量词'有时候也可以像一般量词那样用，如'一年时间，三天工夫，两块钱，一章绪论，四页插图（≠四幅插图)’。

43 **动词和形容词**。动词这个类涉及一些相当复杂的问题。首先是形容词和动词的分合问题。在西方语言里,动词和形容词,无论在形态上还是在功能上,都大不相同,该分两类。但是汉语的形容词和动词有很多共同特点,并且是重要的特点:都可以直接做谓语,都可以用不否定,都可以用‘X 不 X’的格式提问,等等。因此,如果把它们分成两个词类,在讲句子格式的时候就常常要说‘动词或形容词’,很累赘。当然,在有些特点上,二者有区别,例如动词多数能用没否定,能带了,不少能带着,过,双音动词很多能整个重叠(ABAB),形容词能这样用的不是很多。但是这只是多和少的分别,不是有和无的分别;而且一般承认是动词的词里边,也有不少是动作的意味比较弱,也就往往不完全具备这些特点,本来就难以跟形容词划分清楚的。如果把形容词合并于动词,把它作为一种半独立的小类,也不失为一种办法。只有一件事为难:一般所说形容词,其中有的只能修饰名词,不能做谓语,如果形容词并入动词,这一部分是带不过去的。

44 **非谓形容词**。这种形容词,单语素的不多,只有男,女,雌,雄,正,副,横,竖,青,紫,单,夹等。多数是双语素的,如个别,共同,主要,新生,慢性等;还有一些是三语素的,如多年生,无记名等。前面 21 节的袖珍,大型,彩色,同步,稳相,多弹头等都属于这一类。由于现代科学、技术的发展,这类词正在每日每时地大量产生。这些词修饰名词的时候一般不加的,也有必须加的和必不加的的。这些词可以放在是字后边做谓语,一般要加的字,也有可以不要的字的。除不能直接做谓语外,它们还在一个重要特点上跟一般形容词不同:否定形式不是加不,而是加非(有的没有否定形式），在这一点上接近名词，名词也是否定用非。这些词在词类系统中的地位非常特殊，它们跟实词里边的两大类都有距离：既不具备名词的主要特征（做主语，做宾语），又不具备谓词即动词和一般形容词的主要特征（做谓语）。把它们归入形容词，实在勉强得很。如果不打算单独作一词类，至少应当给它一个名称叫'非谓形容词'，以便跟一般形容词有所区别。是不是有与此相反的'唯谓形容词'呢？难，容易，多，少，对，错等等有点像。可是怎样区别于表示状态的不及物动词又是个问题。

45 **动词和介词**。跟动词有牵连的还有介词。我国语法学界一直有一种流传颇广的意见，认为现代汉语没有介词，所谓介词实际都是动词。这个话有一定的道理，汉语里的介词的确跟西方语言里的介词不一样，几乎全都是由动词变来的。可是从另一方面看，它们一般已经失去做谓语的能力，就不便还算做动词了。有时候一个介词带上一个名词可以做谓语（有是或者没有是），如：'这样处理是按照党的政策|成与不成就凭这一招了|我这是冲老梁。冲你，什么都不给'。可是能这样用的介词不多，而且就是在这种场合，介词也跟动词不同，多数动词可以在一定条件下甩开宾语，例如'我已经买了一个，你买不买？'介词办不到，例如不能说'党的政策摆在这里，你按照不按照？'当然，兼属动词和介词两类的词是有的，也还不是很少。

介词内部也不均齐。把和被跟其余的不同，只有句法功能，没有实在意义，绝对不能当动词用。有些介词可以带上宾语作谓语，因而才有该不该从动词分出来的不同意见，把和被没有这个问题。给字兼有这两类的性质，有时候有'给与'的意思，有时候意思空泛，接近把、被。从和由（=从）的意思倒是比较实在，但是绝对不能带上宾语作谓语，毫无动词的味道，跟它们的反义词到大不相同。

46 动词分成**及物**（外动，他动）和**不及物**（内动，自动），是很有用的分类，可也是个界限不清的分类。按定义，能带宾语的是及物动词，不能带宾语的是不及物动词；一个动词有几个义项，有的能带宾语，有的不能，这个动词就兼属及物和不及物两类。问题在于‘宾语’的范围：是不是动词后边的名词都是‘宾语’？要是这样，汉语里的动词，就真的像有些语法学者所说，很少是不及物的了。如果把‘宾语’限于代表受事者的名词，那么及物不及物的分别还有点用处，虽然‘受事’的范围也还需要进一步规定。事实上及物动词内部的情况仍然很不单纯。从一个角度看，有一般的及物，有使动性的及物，如‘上漆|平地|斗鸡’，有容许性的及物，如‘桥上走火车，桥下过汽车’。从另一个角度看，动词的宾语可以是名词，也可以是动词，还可以是主谓短语，有的动词只能带其中的一种，有的能带其中的两种或三种，有的动词能带两个名词宾语，有的动词能带一个名词宾语和一个动词宾语，有的动词允许或者要求在所带名词宾语之后续上一个语义上属于宾语的动词，如此等等。及物动词的再分类，是个很值得探讨的问题，这方面的工作过去是做得不够的。（参看 **96** 节）

47 很多语法书在动词之下列出三个附类：趋向动词，助动词（能愿动词），判断词（系词：是）。把**趋向动词**提出来作为一个小类是有理由的，因为它附在别的动词之后构成复合动词（短语词）比单独用的时候还要多。**是**是个很特殊的动词，无疑应该单独作为一个小类。叫做判断词还是叫做系词是个小问题，重要的在于怎样看待它的句法功能，这在后面 **90** 节再谈。另外一个动词**有**，也可以自成一个小类，它的句法功能也很有特殊之处。

关于**助动词**，首先要清除一种相当常见的误解。助动词这个名称是从英语语法引进来的，原文的意思是‘辅助性的动词’。很多人以为是‘辅助动词的词’，那是误会。

助动词是个有问题的类。助动词里边有一部分是表示可能与必要的，有一部分是表示愿望之类的意思的，所以又叫做‘能愿动词’。前一种接近副词，后一种接近一般要求带动词做宾语的动词，这两方面的界限都很不容易划清。我们常常可以遇到助动词和副词并列的例子，如：‘可以并且曾经进行实地观察|他是参加了那个会的，应该知道，必定知道’；也常常可以遇到助动词和一般动词并列的例子，如：‘愿意并且实行和工农兵结合|他一不会抽烟，二不爱喝酒’。有的书上把助动词划归副词，有的书上把助动词并入一般动词，就是由于上面所说的情况。

另外有几个词，单独说的时候不像动词，可是在一定的格式里，最恰当的解释是把它们当做助动词，例如：你高兴参加就参加得了|我也懒得去找他|反正没事儿，乐得去走走|人家这么求你，你好意思不答应？|你快决定，我好去回报|这个问题好（容易，难）解决|这一间就够住五个人。此外，来得及，免不了，不至于，便于，敢于，勇于等等也都像助动词。

48 **副词**。副词这个类的大问题是形容词修饰动词的时候要不要划入副词。这个问题本来就不简单，又由于书面上分别‘的’和‘地’，问题就更加复杂起来。现在通行的说法是形容词可以修饰动词，只有在语义有明显分别的场合才算是同形的副词；‘的’和‘地’的区别跟词类无关，‘的’是定语的标志，‘地’是状语的标志。这样处理还是比较妥当，不过也不是没有问题。第一，怎样就算语义有分别，难于避免主观。第二，像突然和忽然，都是修饰动词的，但是突然间或也修饰名词，如‘突然事故’，要照上面的原则处理，突然是形容词，忽然是副词，是不是也有点别扭？此外还有全速，高价，稳步，大力等等，从结构上看，很像前面说过的非谓形容词，但是经常修饰动词，很难得修饰名词，是不是该归入副词？

副词内部需要分类，可是不容易分得干净利索，因为副词本来就是个大杂烩。

49 **代词**。代词这个类，成员不很多，可是相当杂。原因是代词不是按照句法功能分出来的类。论句法功能，代词有的跟名词相当，有的跟形容词相当，有的跟副词相当，个别的跟动词相当，跟数词相当。其所以能提出来自成一类是因为有一个共同的特征叫做‘代’。不但是‘无定’代词像谁，什么所指无定，就是与无定代词相对的‘有定’代词像我，这，其实也是无定的，谁说话，谁就是我，手指着什么，什么就是这，其余可以类推。换句话说，如果别的词类是竖的分出来的，代词就是横切一刀切下来的。因此代词在总的范围方面和内部分类方面都一直有不同意见。较早的语法书把这些词分属于代名词（人称，指示，疑问），形容词（指示，疑问），副词（指示，疑问）三类。这个分法在逻辑上有缺点：既然把指示形容词（副词）和疑问形容词（副词）纳入形容词（副词）之内，为什么又把人称代名词等等提在名词之外，单独成为一类呢？现在比较通行的办法是把这些词归为一类，只分人称，指示，疑问，不分代名词，形容词，副词。这是继承《马氏文通》的传统，至少在逻辑上较为一贯。

但是这些词并不是都有称代的作用，有的只有指别的作用。

指别和称代是不同的句法功能，代词之中兼有这两种功能的固然不少，而只有一种功能的似乎更多。把代词分成代词和指别词两类(一部分兼属两类)，也许更合理些。如果仍然合为一类，也是把名称改为指代词较好，因为指别是这类词不同于他类词的主要特征，至于称代，反而不是这类词独有的功能，数量词组合也可以代替名词，的字短语也可以代替名词。

50 **介词**。介词除了跟动词的分合问题外，还有跟连词的分界问题。《马氏文通》列举古汉语中最常用的介词有五个：之，于，以，与，为。这五个介词里边倒有一个半现在的语法书里不认为是介词了。现代汉语里跟之字大体上相当的的，也曾经被认为是'领摄介词'，但是现在多数语法著作里已经把它划归助词。跟与相当的和，跟，同都是兼属连词和介词两类：'笔和墨都现成'里边的和是连词，'笔要和墨放在一块儿'里边的和是介词。现在的连、介划分法来自西方语法。按照这种划分法，凡是连接小句和小句的，不论是并列关系还是主从关系，都是连词；至于连接词和词的，就得看是哪一种关系，表示并列关系的还是连词，只有表示词和词之间的主从关系的才是介词。四分天下而连词有其三，介词只有其一，抽象地看来很不合理，但是从西方语言的形态出发，非得这样划分不可。介词是连接名词于别的词的，名词的变格决定于介词；连词连接小句或名词以外的词的时候固然没有变格问题，连接两个名词的时候仍然没有变格问题(名词是要有变格的，但是不决定于连词)。汉语没有名词变格的问题，马建忠按照连接的对象是小句还是词来划分连词和介词是有道理的。同样看到沿袭西方语法划分连、介的不合理而提出另一种主张的是《国文法之研究》的著者金兆梓，他认为应当撇开句和词的分别而着眼于并列和主从的分别，表示并列关系的是连词，表示主从关系的是介词。这个主张不切实际，因为汉语里边辨别小句或句子之间是并列关系还是主从关系既不容易，也无实用，不像西方语言里从句往往在'时态'和'语气'上跟主句有所不同。

51 **连词**。连词也有范围问题，一方面要跟有关联作用的副词（又，越，就，才等）划界，另一方面要跟有关联作用的短语（一方面，总而言之等）划界。第一个问题容易解决，可以出现在主语前边，也可以出现在主语后边的是连词，如虽然，如果等；不能出现在主语前边（指没有停顿的），只能出现在主语后边的是副词，如又，越，就，才等。第二个问题本来也好解决，只是因为缺少一个'关联短语'或'关联状语'之类的名称，才把一方面，总而言之等等笼统叫做连词的。

52 **助词**。助词的问题在别的方面：有些助词的'词'的资格不牢靠。比如动词后边的了和着，赞成把它们作为动词后缀的恐怕会比赞成作为单词的多。的（地）能够保留'词'的资格，全靠用在短语（包括主谓短语）后边的例子（领导交给我们的工作｜不分昼夜的赶工）；有人就主张把的分成两个，一个是助词，一个是后缀（我的｜布的｜现成的）。大概除语气助词外，都在不同程度上有能否保留'词'的资格的问题。这个问题现在还与实用无关，将来如果实行拼音文字，势必会由分写连写的问题牵连到是词不是词的问题。

53 **词类转变**。词类转变是相当复杂因而争论也比较多的问题。有一种简单的，也可以说是简单化的办法：把词类跟句子成分的关系固定下来：甲类词做 A 成分，乙类词做 B 成分，甲类词做了 B 成分就不再是甲类词而是乙类词了。这个办法在理论上有一个极大的缺点：既然词类和句子成分之间是一对一的关系，那就不需要两套名目，一套就够了。句子成分是A,B,C,D……，词类也是A,B,C,D……，岂不省事？跟这个相反的办法是按照不同的情况分别对待。主要的原则是：凡是在相同的条件下，同类的词都可以这样用的，不算词类转变；凡是在相同的条件下，同类的词不是都能这样用，而是决定于习惯的，是词类转变。语义变化可以作为参考，不作为判断的标准。

大致有四种情况。(1)在一定的条件下，同类的词都能这样用，因而这种用法可以列入这类词的功能之内。例如名词的主要功能是做句子的主语和动词的宾语，但是也能修饰别的名词，不说是变成形容词。同样，形容词修饰动词的时候，如果语义没有明显的变化，不算转变成副词。又如双音动词都可以放在进行或予以后头做宾语，不因此就变成名词。又如'修旧利废'，'交旧领新'，这里边的新，旧，废指具有这种性质的事物，别的形容词在适当的上下文里也可以这样用，不算是变成名词。(2)语义的变化比较特殊，只是偶尔这样用，没有经常化，这算是临时'活用'，不同于永久性的词类转变。例如'我五好都好了四好了，就这一好我就好不上啦？'里边的'好了'和'好不上'的好就是临时活用做动词（'五好、四好、一好'的好属于上面的第一种情况）。又如'看远些！别这么近视眼！'里边的近视眼也是临时活用作动词。这种活用如果经常化了，就成为词类转变了。例如'别废话！'里边的废话就应该算是正式的动词。(3)语义有明显的变化，同类的词不能随意仿效，是词类转变。例如'锁门'的锁是由名词转变成动词，'一挑柴'的挑是由动词转变成量词。我们说'锁门|锁柜子'，但是不说'网鸟|网鱼'；说'一挑柴|一挑水'，但是不说'一抬

柴|一抬草’。(4)语义没有明显的变化,但是语法特点有不同程度的改变,改变到什么程度就该认为词类已经转变,颇难决定。这个问题主要发生在‘动词名用’上,情况相当复杂,需要专门研究。有人主张一概称为‘动名词’,以为可以解决问题。其实这是不能解决问题的,因为‘动名词’只适用于一般的‘动词名用’,不能兼指已经转变成表示动作的真正名词。例如‘挨批评’的批评只是动词名用,而‘文艺批评’的批评则是正式的名词,二者是有区别的。甲类词乙类用,一般要丧失原词类的部分功能。如‘挨了批评’里边的批评不受副词修饰,只能说‘又挨了批评’,不能说‘挨了又批评’。同样,‘木头房子’里的木头丧失了名词的部分功能,不能说‘一百二十根木头房子’,必须说‘一百二十根木头的房子’。(这是有的和无的是两种结构的又一个例证。)

54 以上是词的分类,下面谈谈比词小的和比词大的单位的分类问题。比词小的单位是语素。独立的语素是词,不独立的语素是构词成分,包括词根和语缀。**词根**可以分为名词性的,动词性的,形容词性的和其他的。词根的分类没法子从构词方式中归纳。比如说,前加式复合名词的主体词根是名词性的,这一条似乎可以成立,事实上却很多例外,如:‘位置,助教,蛋白,冬青,土方,银圆,特长,误差,豆腐干,糖稀’等等。动词、形容词也都有这种情形。因此,词根的分类主要还得看它在古汉语里的用法。

55 **语缀**一般分为前缀,后缀,中缀。汉语里地道的语缀不很多,**前缀**有阿,第,初,老(鼠,虎,师,表),小(鸡儿,孩儿,辫儿)等,**后缀**有子,儿,头,巴,者,们,然等,**中缀**只有得,不(看得出,看不出)。有不少语素差不多可以算是前缀或后缀,然而还是差点儿,只可以称为类前缀和类后缀。**类前缀**有可,好,难,准,类,亚,

次,超,半,单,多,不,无,非,反,自,前,代等;**类后缀**有员,家,人,民,界,物,品(商品,药品),具(用具,炊具,雨具),件(文件,邮件,信件),子(分子,原子,电子,转子),种(军种,兵种,工种,剧种),类,别(性别,级别,国别),度,率,法,学,体(磁体,导体,抗体,垂体),质,力,气(脾气,才气,勇气,运气),性,化等。说它们作为前缀和后缀还差点儿,还得加个'类'字,是因为它们在语义上还没有完全虚化,有时候还以词根的面貌出现。例如:人员,专家,各界,物品,器物,器具,物件等等。存在这种类前缀和类后缀可以说是汉语语缀的第一个特点。汉语语缀的第二个特点是有些语缀(主要是后缀)的附着对象可以不仅是词根或词,还可以是短语。例如:世界战争不可避免论者|战斗英雄、劳动模范们|第三百二十四号;还有划入助词得了,过,的等,还有一般语法书里没有明确其性质的似的,的话等。不把前缀、后缀总称为词缀而总称为'语缀',就可以概括不仅是词的而且是短语的接头接尾成分,连那些不安于位的助词也不愁没有地方收容了。

56 关于语缀还有一点可以提一下的是能产和不能产的分别,说得通俗点就是活和死的分别。有些语缀是活的,能产生新词的,例如第可以加在任何数词前边,者,们,性,化等都可以随意用来造新词。相反,像初,老,子,然等就是死的,不能产生新词,比如不能说'初十一',不能说'老猫,老狗'(只能理解为老的猫狗),不能说'床子|书子',不能说'空然|危然'。又如有一个只在几个词里出现的中缀乎其:'神乎其神|微乎其微|荒乎其唐';我们不能仿造说'妙乎其妙|细乎其细|慷乎其慨'。但是这里也存在一种中间状态,就是有些语缀一般不能随意用来造新词,可还是陆陆续续有新词出现。比如员,我们不能随意制造'办公员|总务

员'等等，但是'办事员|乘务员|卫生员'等等也都是不久以前出现的，以后也还会有新的什么员出现。又如家，除'书家|画家|作家|小说家'这些是'古已有之'的以外，不很久以前又产生了一批。可是现在已经不能仿造，例如有'作曲家'，没有'演奏家'，有'美术家'，没有'工艺家'，有'发明家'，没有'研究家'，有'旅行家'，没有'游历家'，有'冒险家'，没有'投机家'，等等。看起来，家已经失去造新词的能力。但挂在学字后头还是活力充沛，有个'什么学'就有个'什么学家'。

57 **短语分类**。短语分类可以按结构，也可以按功能。按结构分类，短语可以分为：(1)并列式，如'工业和农业|调查研究'；(2)主从式，又可以分为：(a)前加式，如'自然条件|认真学习'；(b)后加式，如'调查清楚|走了一趟'；(3)主谓式，如'[不怕]事情多，[只怕]时间紧'(参看 **31** 节，**60** 节)。(4)其他方式，如介名短语，的字短语。

58 **的字短语**应用广泛，情况复杂，很值得深入探讨。大概说来，有两种的字短语，可以称为 D1 短语和 D2 短语。D1 短语如'我的|买的|找你的|你找的'；D2 短语如'高高的|亮堂堂的|仔仔细细的|说说笑笑的'。D1 短语和 D2 短语的分别主要在于：(1)D1 短语去掉的字就不是的字短语，有的没有的句法功能大不相同，例如'我的'跟'我'不同，'大的'跟'大'不同，'你找的'跟'你找'不同；D2 短语有的没有的一个样，例如'他仔仔细细[地]看了一遍|干吗这么慌慌张张[的]?'所以 D2 短语可以包括省去的字的，只是有的不能省就是了；(2)D2 短语绝大多数能做谓语，D1 短语必须配合是字才能做谓语。形容词加的构成的短语，性质介乎二者之间，有的没的都可以修饰名词，可是不跟是字配合

不能做谓语。

59 按功能分类，短语可以分为三类：名词性短语，动词性短语，其他。(1)**名词性短语**包括：(a)基本名词短语，如‘高大建筑物|无产阶级专政’；(b)方位短语，如‘会场上|天安门前面’；(c)指数量短语，如‘这三件|三件|这件’；(d)动名词短语，如‘这个作品的发表|家庭访问’；(e)D1 短语，如‘小的[比]大的[难做]|[这是]我找了半年才找到的’；(f)扩展了的名词短语，如‘这两座去年才完工的高大建筑物’。(2)**动词性短语**包括：(a)基本动词短语，如‘做完|做完了|做不完|写出|写出来|写得出来’；(b)扩展了的动词短语，如‘急急忙忙地发了个电报’；(c)形容词短语，如‘三米高|大一号|很高兴’；(d)D2 短语；(e)用似的和一样结尾的短语；(f)‘你一言我一语|高一脚低一脚’之类的短语。(3)其他性质的短语：如介名短语，主要附属于动词，也可以附属于形容词，如‘[他]比你[小]’。

60 **主谓短语**在句子里主要是用来做主语或宾语，是名词短语的性质。如果要用它修饰名词，得加个的字，就变成的字短语，不再是主谓短语了。如果要用它修饰动词或形容词，得加上像…似的/那样之类的字眼，也不再是主谓短语了。

主谓短语和动词短语，孤立地看是显然不同，一个有主语，一个没有主语。可是用在句子里边，主谓短语可以省略主语，形式上就跟动词短语没什么两样，这是常常被忽略，值得引起注意的一种现象。例如：‘会不长，话不多，大家觉得解决问题’。这句话乍一看是拿动词短语解决问题做动词觉得的宾语，可是拿来跟‘他觉得冷|他觉得使不上劲’比较，就会发现不一样。冷是‘他’冷，使不上劲是‘他’使不上劲，可是解决问题不是‘大家’解决问

题，是‘会’和‘话’解决问题。

61 **四字语**。现代汉语里有大量的四字语，这是一种特殊的短语，它的结构上的特点是：一，分前后两段，两段的结构相同；二，前后两段的意思或者平行，或者对称；三，一般不能单用的语素在四字语里当单词用。至于每个两字段的内部结构，那是各种类型都有。这是大多数四字语的情况，有少数不分前后段，或者分段而不对称。下面按各种结构举例。

分段并前后平行或对称：

主谓：山清水秀|人强马壮

主从：

主体是名词：铜墙铁壁|粗眉大眼

主体是动词：

动词在后：千锤百炼|前思后想

动词在前：

从属是名词：欢天喜地|彻头彻尾

从属是形、动：颠来倒去|吃饱喝足

主体是形容词：千真万确|大同小异

前后非对称：轻松愉快|直截了当

前后不分段：锦上添花|乱七八糟

四字语的特殊形式也影响它的句法功能。第一，它很容易加的字构成的字短语，尤其是 D2 短语。第二，主谓结构的四字语用法多，如做谓语：‘这个古迹已经名存实亡了’；做宾语：‘这件事一定要有个水落石出’；做后置状语：‘何必为这点小事闹得天翻地覆’。第三，主体成分为名词的四字语常常不当名词用：‘你们不要七嘴八舌，等他一个人说’（像动词）|‘这个人长得粗眉大眼’

（像形容词）。

62 **句子分类**。句子按结构分类，可以首先分为主谓句和非主谓句，主谓句再分为动词谓语句，形容词谓语句，名词谓语句，主谓谓语句。形容词作谓语跟不及物动词作谓语几乎没有什么不同，也可以不另做一类。名词谓语句包括（也可以不包括）有是字的句子。是字句是一种特殊的句式，动词谓语句和主谓谓语句也都可以加进是字去。换句话说，是字句跟这几种句子交叉，它分别属于动词谓语句等等，而总起来又是是字句（参看 **90** 节）。非主谓句可以分为无主句，存现句，名词句。无主句指真正没有主语的句子，如：‘有没有人不同意？|还没有轮到你呢。’省略主语的句子不算无主句。是字开头的句子，如‘是谁告诉你的？’也是一种无主句；这本来是个主谓句，让是字在头里一站，把后边的全打成谓语了。存现句其实也是一种无主句，不过它有个假主语在头里。名词句指‘我的帽子呢？|喏，你的帽子！|好大的雨！’之类。此外常常提到的还有把字句，被字句，以及连动式，兼语式等，这些都是动词谓语句里的特殊类型。

63 一般讲语法，到句子为止，句子是最大的语法单位，因此句子只有结构分类，没有功能分类。其实这也是一种老框框。若干句子组成一个段落，句子和句子之间不仅有意义上的联系，也常常有形式上的联系，比如这，那等指代词，首先，其次，总之等关联词语，这些都应该算是语法手段。所以，按句子在段落里的功能来分类，不是不可能。这里，得先明确一件事，一般所说陈述句，疑问句，命令句，感叹句，那是按句子的用途分的，凭这个句子本身就能决定它是陈述句还是疑问句或其他句式，不必管它在一串句子里的地位和作用。要是按一个句子在一串句子里的地位和作用，也就是按功能来分类，可以分为始发句和后续句。这在语法上是有区别的，比如始发句里不大能用你、我以外的指代词，不大能省略主语和宾语。后续句多数是承上句，可也有启下句，比如用首先或第一或一方面开头的句子都有启下的作用，而用其次或第二或另一方面开头的句子则是承上句。在两个人或几个人对话的时候，除第一个说话的人的第一句话一定是始发句外，别人的话即使是第一句也不一定是始发句，也可能是接着别人的话说的。问话不一定是始发句，答话却一定是后续句。一段结尾的句子可能有标志，但是不一定有。

四　结构

64 在讨论句子结构之前，先谈两件事：一是结构层次，二是结构关系。

结构层次。任何一个语言片段都是由若干个语素组成的，但不是一次组成，而是，比如说，先有两个语素的组合，然后跟第三个语素组合，或者跟别的语素组合相结合，这样一层一层组织起来的。因此，拿一个现成的片段来分析，总是先一分为二，然后一层一层分下去，分到全部都是单个语素为止。这种分析法叫做**直接成分分析法**（非正式的名称叫做‘二分法’，其实也不一定是二分，比如遇到并列的三项，那就只能三分了）。

这种分析法可以用图形来表示。图形有好几种画法：图形里面的 A，B，C，D 代表基层单位：语素（或者词，如果不需要分析到语素）。X，Y，Z 代表较大的单位，如名词，名词短语，句子，等。

(a)
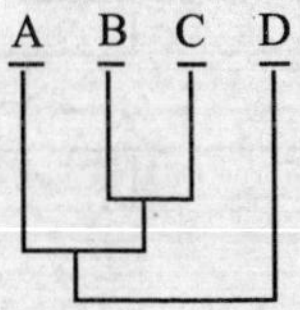

(b)
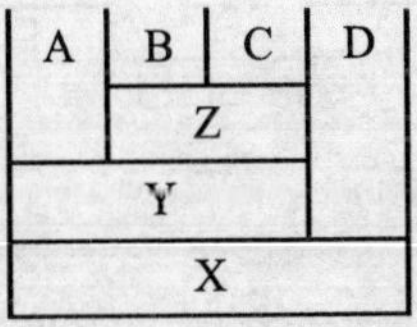

(c)

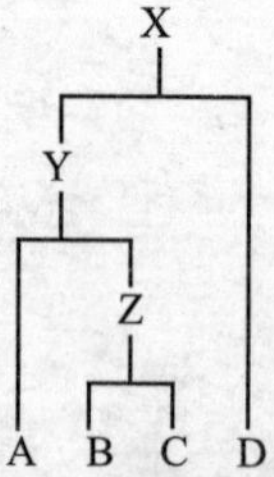

(d)

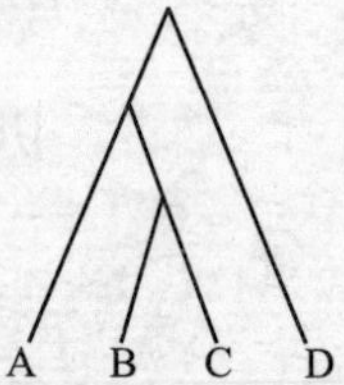

65 分析结构层次，对于词语的理解有帮助。比如有些个有歧义的片段就可以通过层次分析来说明。像这两个句子：(a)'假如在这时候不适当地灌水施肥，就会造成徒长|(b)假如在这时候不适当地灌水施肥，就会使棉铃因缺乏营养而脱落。'两句里面都有'不适当地灌水施肥'这八个字，可是意思大不相同，就因为结构层次不同：

(a)

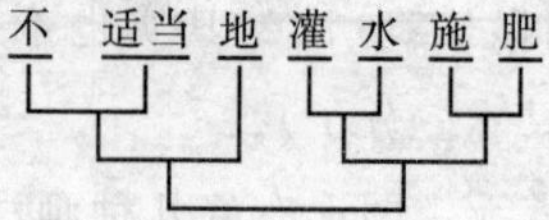

(b)

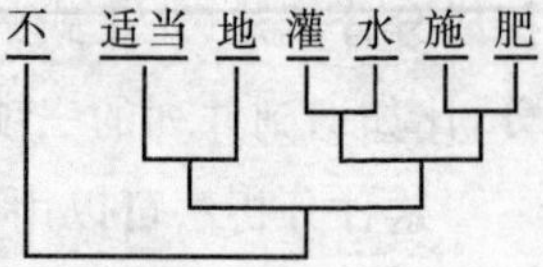

66 一般说，两个直接成分总是紧挨着的，但也有被另一层次的成分隔开的情况。例如：

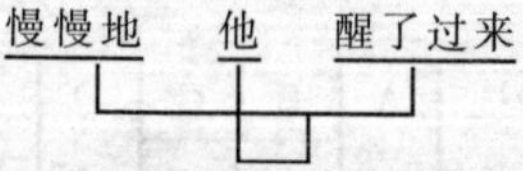

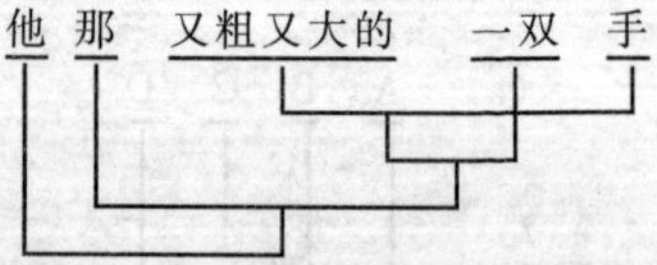

一系列语素在语音上形成一定的段落。结构层次跟语素排列不一致，往往使得它跟语音段落也不一致，而词和短语的划分又往往偏重语音段落，因此会产生层次跨越词的界限的情况。在下面的例子里竖道表示词的界限。

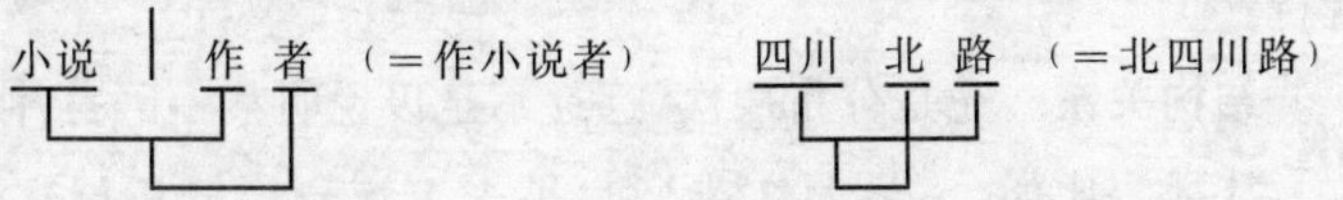

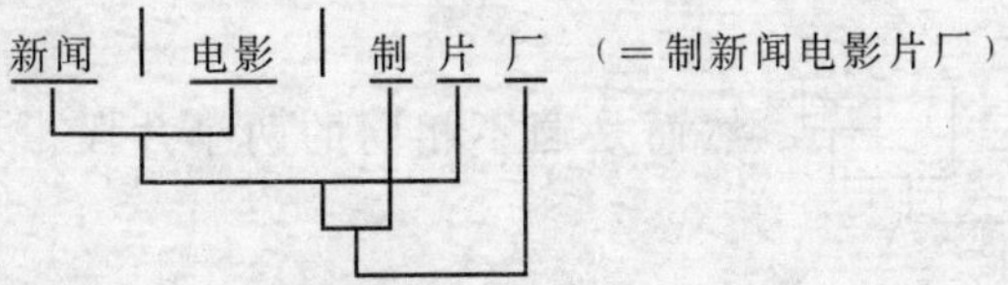

上面是语素的排列次序不按结构层次的例子；有时候语素排列跟结构层次一致，但是语音段落跟它们不一致，也会引起对结构的错觉。在下面的例子里，中间的横道表示语音段落。

67 分析结构层次，不是没有疑难问题。比如：

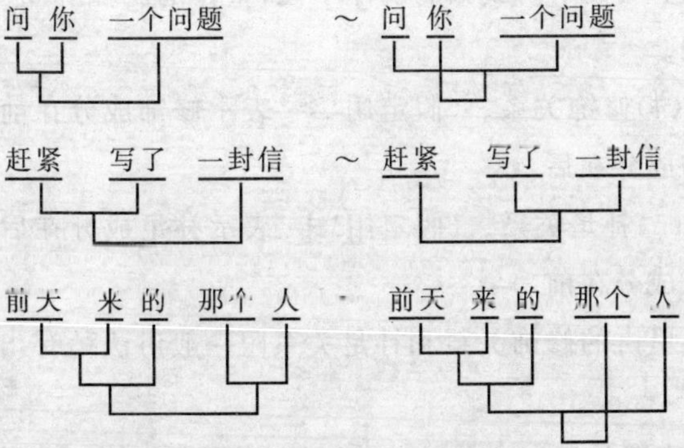

这样的问题不少，而且是看起来两种分析法都有理。既然如此，

是不是可以不在这种地方纠缠，只要一本书或一篇文章前后一致就行？

68 **结构关系**。光是分析层次，远远不足以说明某一语言片段的特征。比如‘一朵大红花’和‘小李上夜班’，分析层次都是

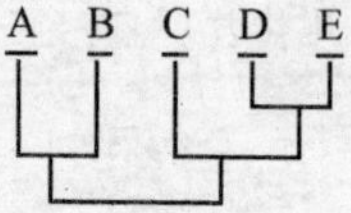

，然而是迥不相同的两个片段。为什么不同？成分之间的结构关系不同：‘一朵’跟‘大红花’之间的关系和‘小李’跟‘上夜班’之间的关系不同，‘大’跟‘红花’之间的关系和‘上’跟‘夜班’之间的关系不同。

结构关系大致可以分四个大类，八个小类。

1.联合关系。成分的功能相同，整体和成分的功能相同。

(1)并列关系。(假定用‘＋’表示。)

(2)连续关系。(假定用‘×’表示。)

(3)复指关系。(假定用‘＝’表示。)

2.主从关系。成分的功能不同，整体的功能和主要成分的功能相同。

(4)修饰关系。(假定用‘＞’表示修饰成分在前，用‘＜’表示修饰成分在后。)

(5)补足关系。(假定用‘┤’表示补足成分在后，用‘├’表示补足成分在前。)

这里讲的修饰关系和补足关系跟一般讲法稍有出入，详见下文。

3.表述关系。成分的功能不同，整体的功能又和任何一个成分不同。

(6)表述关系(主谓关系)。(假定用‘：’表示。)

4.附属关系。

(7)提挈关系。介词和所介名词之间,连词和所连词句之间。(假定用‘;’表示。)

(8)衬附关系。衬附成分在前:前缀;衬附成分在后:后缀,语助词;衬附成分在中间:中缀,衬字。(假定用‘,’表示。)

这四大类八小类也还都是带点概括性的,每一种关系里边还可能包括一些不同的情况,参看 **75** 节。

69 把层次和关系都标出来,一个语言片段的面貌就清楚多了。下面综合举例。

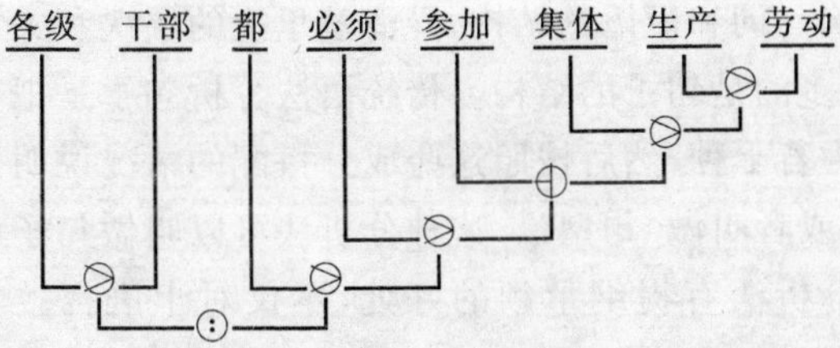

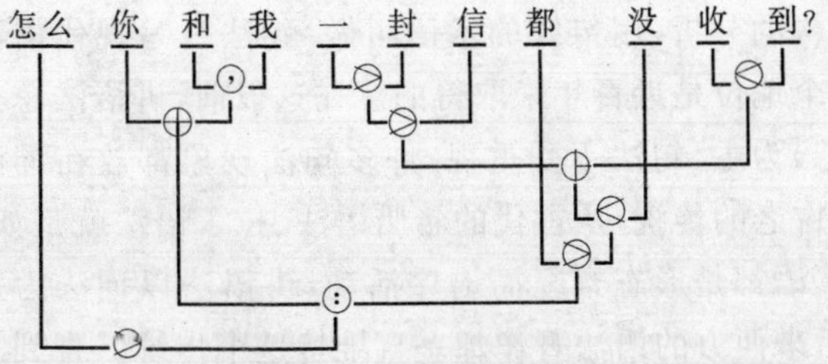

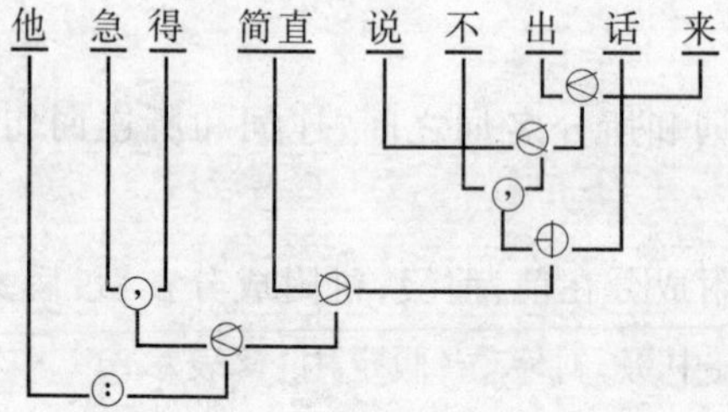

70 也有这种情形：论结构关系，A应该属于B，但是在语义上A指向C，例如：(a)'圆圆的排成一个圈'(圆的圈)|(b)'走了一大截冤枉路'(走得冤枉)|(c)'几个大商场我都跑了'(都总括几个)。

71 **句子的结构**。词和短语的结构，弄清楚里边的层次和关系就成了，问题多的是句子的结构。传统语法分析句子是把构成句子的成分分为若干种，然后按照这些成分搭配的情况说明句子的各种'格局'，或者叫做'句型'。这种分析法可以叫做**句子成分分析法**。这种分析法有提纲挈领的好处，不仅对于语言教学有用，对于科学地理解一种语言也是不可少的。

句子结构的分析，用传统的术语叫做'句法'，是现代语法学的中心。这个地位是近百年来取得的。在这以前，讲语法总是以'词法'(形态)为主，句法不受重视，许多句法现象都放在词法里讲。这是个古老的传统，从古代的希腊语法、拉丁语法就是如此。希腊语、拉丁语都是形态繁复而语序活动，讲语法以词法为主是很自然的，后来西方的语法著作却一直维持这个传统。直到二十世纪初年，才有些语法学家在论述形态不太繁琐的语言如英语的著作里，开始把句法提到重要的位置上。此后不久，美国的布龙菲尔德学派兴起，又换了个方向，讲语法着重讲层次分析，对句子格局的研究不免草草了事。这个倾向有它的历史原因，这里不必多讲。五十年代后期转换生成语法学派崛起,又把重点移到句法上,可是着重讲句子结构的变化,对于句子的静态分析并没有什么独创之处,也不采用传统语法里各种句子成分的名称。值得注意的是,尽管这些个新学派在语言学界影响很大,但是在中小学语法教学上影响却很有限。学校里的语法教材基本上还是以句子格局的分析为主,不过吸收了层次分析的优点(以及语法的语音背景)。

我国最早的讲汉语语法的书《马氏文通》是以词类为纲的,十卷里边只有一卷'论句读',许多句法问题都分散在各个词类里讲。五四以后出现的语法书,从《新著国语文法》起,就都以句法为主干。重点的转移不是偶然,是受了国外语法著作的影响。层次分析法的理论也曾经渗入我国语言学界,但是目前通行的语法教材受它的影响还是微小。现在大多数讲汉语语法的著作,尽管在体系上有这样那样的分歧,方向还是一个——句子格局的分析。

72 **句子成分和结构层次**。现在一般都说句子有六大成分:主语,谓语,宾语,补语,定语,状语。问题是这些是否都是句子的直接成分?这问题似乎简单,可并不简单。要按直接成分分析法来看,一个句子首先应该分成两部分:(a)构成句子的词语,和(b)语调;再拿(a)来看,又可以分成(aa)句子本身,和(ab)挂在句子身上的'零碎',包括连词和其他关联词语,评注性的词语,语助词,以及叹词、呼语等;然后才能就句子本身来分析,分成主语和谓语。这样看来,如果把(b)和(ab)两项撇开,单就句子本身而论,它的直接成分就只有主语和谓语这两样。宾、补、定、状不是句子的成分,只是句子的成分的成分:离开句子没有主语、谓语,离开句子仍然有宾、补、定、状。有名词就可以有定语，有动词就可以有宾语、补语、状语。不正是这样吗？（主谓短语可以看做潜在的句子，也可以看做一种动词短语，即动词带施事补语，参看**31，60，91**节。）

句子成分分析法也不是不讲层次，但是在手续上颠倒了。它拿过来一个句子，先摘出两个词，说这是主语，那是谓语，然后把这个那个连带成分，这个那个附加成分，一个一个加上去。在这些成分没加上去以前，往往是讲不通的。比如说，'我从前不喜欢喝酒，现在还是不喜欢喝酒，将来大概仍然不喜欢喝酒，'如果先摘出主语和谓语，就变成'我喜欢，喜欢，喜欢，'不是跟原来的意思恰好相反吗？主语、谓语以外同样有这种情形。例如'哭瞎了眼睛'，光是一个'哭'不能拿'眼睛'做宾语，必得是'哭瞎'；'尽最大的努力'，光是'努力'不能做'尽'的宾语，没有人说'尽努力'，必得是'尽最大的努力'。这些例子说明，句子成分分析法有必要吸收层次分析法的长处，借以丰富自己。

传统语法以词为造句的单位，因此才不得不把宾、补、定、状都作为句子成分。但是一个句子成分常常是，甚至可以说是更多的是短语，这个事实也没法儿视而不见。结果是一种'双轨制'。比如'各级干部都必须参加集体生产劳动'这个句子，有时候说主语是'干部'，谓语是'参加'，有时候又说主语是'各级干部'，谓语是'都必须参加集体生产劳动'；或者说前者是简单主语、简单谓语，后者是完全主语、完全谓语。要是这样'简单'和'完全'并行的话，宾、补、定、状也都可以这样分，例如上面这个句子里，'劳动'是'参加'的简单宾语，'集体生产劳动'是'参加'的完全宾语。（介乎'简单'和'完全'之间的'生产劳动'该怎么说？）这样不免有点混乱。最好还是守住层次的原则，只有那‘完全’的才算数，然后再在它的内部划分次一级的成分。

73 我国语法学界目前比较通行的分析法是先把一个句子分成主语和谓语。这主语或谓语如果只有一个词，不需要再分析；如果不止一个词，就说这是一个什么词组（或者什么结构），再进一步分下去。还拿‘干部参加劳动’这个句子做例（参看**69**节的层次图）。主语是‘各级干部’，这是一个‘偏正词组’，‘各级’是‘干部’的定语。谓语是‘都必须参加集体生产劳动’，也是一个偏正词组，‘都’是其余部分的状语，其余部分还是一个偏正词组，‘必须’是‘参加集体生产劳动’的状语，‘参加集体生产劳动’是一个‘动宾词组’，‘集体生产劳动’是‘参加’的宾语，它本身又是一个偏正词组，‘集体’是‘生产劳动’的定语，‘生产’又是‘劳动’的定语。这是层次分析法和句子成分分析法的结合：按层次分析，但是不抛弃句子成分；后者反映在词组名称上，‘主谓词组’、‘动宾词组’这些不用说，‘偏正词组’或者是定语和名词的组合，或者是状语和动词（形容词）的组合。

74 传统语法分析句子是从词到句，短语没有正式地位，只在必要的时候用用，例如‘介词短语’。要是拿行车来打比，这个办法是直通快车，过站不停。层次分析法是逐层剖分，哪一部分简单，层次就少，哪一部分复杂，层次就多。这个办法好比是有乘客上下就停车，否则就开过去。还可以有一种分析法，就是分阶层，设定短语是句子和词之间的中间层。一个句子可以只有一个短语，例如只有谓语的句子；一个短语可以只有一个词，这样的短语是短语的最小形式。这个办法好比是只停大站，不停小站，小站乘客得到大站去上车，大站不论有没有乘客上下都停。转换生成语法分析句子就是先分成一个名词短语和一个动词短语，二者都有可能只是一个词。这个学派之外也还有些语法学者采用这种阶层分析法，但不一定限于一分为二，也可以是一次分出三个或四个成分。

把短语定为词（或者语素）和句子之间的中间站，对于汉语好像特别合适。西方古代语言有发达的形态变化，借以表达各种语法范畴，形态变化附丽于词，词在句子里的位置比较自由。这样，词就是天然的造句单位。以词为界，把语法分成两部分，讲词的内部情况的是词法，讲词和句之间的情况的是句法。这样划分，对于某些近代西方语言已经不太合适，对于汉语就更不合适了。汉语里语法范畴主要依靠大小语言单位互相结合的次序和层次来表达。从语素到句子，如果说有一个中间站，那决不是一般所说的词，而是一般所说的短语。有一个现象很值得注意：短语内部的次序是不大能改变的，句子内部的次序就比较灵活。句子可以不改变其基本意义而改变其内部次序，短语很少能够这样。例如(a)'我没有看第一本'，(b)'第一本我没有看'，(c)'我第一本没有看'，三句一个意思。可是，'花纸'和'纸花'，'半斤'和'斤半'，'后头的小孩'和'小孩的后头'，'好商量'和'商量好'，意思都完全改变了。（'方言调查'和'调查方言'是例外，这种例外不多。）

75 **句子成分和结构关系**。句子成分和句子成分之间有一定的结构关系，这不用多说。要注意的是不能满足于说出这是什么成分，那是什么成分；换句话说，不能贴上标签就完事。世界上的事情是复杂的，句子里边一个成分和另一个成分之间的关系，一方面需要用一个名目或者一句简单的话来概括，另一方面又需要作进一步的分析，看它包括哪些具体内容。比如动词谓语句里出现一个或几个名词，它们跟动词的语义联系是多种多样的，这种语义联系决定它们在句子里的活动方式。仅仅把这个标为宾语，把那个标为补语，是不够的，要查考这样的名词同时可以出现几个，各自跟动词发生什么样的语义关系，什么关系的名词和什么关系的名词可以同时出现，各自在什么位置上出现，什么关系的名词和什么关系的名词不能同时出现，如此等等。

比如所谓双宾语，进一步研究就会发现有三种情况。(1)两个宾语可以同时出现，也可以只出现其中的一个，如：'我问你一个问题|我问个问题|我问你。'(2)可以单独出现指人的宾语，不能单独出现指物的宾语，如：'我托他一件事儿|我已经托了他|×我托一件事儿。'(3)可以单独出现指物的宾语，不能单独出现指人的宾语，如：'我借了他十块钱|我借了十块钱|×我借了他。'

又比如一个动词拿另一个动词做它的宾语，有三种情况。(1)两个动词表示的是一个人的动作，如：'他喜欢唱歌|我想回家。'(2)两个动词表示的不是一个人的动作，如：'他命令撤退|我们欢迎批评。'(3)两个动词表示的可以是一个人的动作，也可以是两个人的动作，如：'他要求参加|他要求放他走'(参加是他自己参加；放他走是别人放)。

仍然是动词拿动词做宾语，还有另一种分别。(1)有的动词后边的动词必须带疑问词，如：'研究怎样加快进程|讨论在哪里修大坝。'(2)有的动词后边的动词不能带疑问词，如：'会下围棋|擅长说相声。'(3)有的动词后边的动词可带可不带疑问词，如：'学会[怎么]开汽车|试验[怎样]用针刺麻醉做手术。'

又比如并列成分之间的关系包括加合(**A** 和 **B**)和交替(**A** 或

B）两类，这是语法书上都讲的，可是加合关系里边又可以分为加而不合和加而且合两种，这就很少讲到了。这个分别，比较这两个句子就可以知道：(a)'老张和老李是山东人'(加而不合。＝老张是山东人，老李是山东人)；(b)'老张和老李是同乡'(加而且合。不能说：'老张是同乡，老李也是同乡，'必须'老张和老李'才是同乡)。同样，交替关系也有互相排斥和不互相排斥两种，后者跟加而不合的加合关系没有实质性的区别。例如：'动词或者形容词都可以做谓语'，把或者换成和，不改变全句的意思。比较互相排斥的例子：'重音落在第一个音节或者第二个音节上。'这里，或者前后两项是互相排斥的，或者不能换成和。(从逻辑上看，涉及全体和个别的问题，这里只是就或者的用法说。)

总之，不联系结构关系来研究，光划分句子成分，问题还比较简单；进一步研究结构关系，就大有文章可做。语法研究要取得进展，这应该是重要方面之一。

76 在分别讨论各种句子成分以前，再谈几个一般性的问题。一个问题是**句子成分**和**词类分别**的对应问题。这种对应可能是整齐的，也可能是不整齐的，汉语属于第二种情况。如果要把汉语也说成是属于第一种情况，跟有形态变化的语言一样，就会导致'依句辨品，离句无品'的词类理论，这在前面**53**节里已经谈过了。

77 另一个问题是如何看待某些句法变化手段的问题，其中最容易引起争论的是省略和倒装。关于**省略**，从前有些语法学家喜欢从逻辑命题出发讲句子结构，不免滥用'省略'说，引起别的语法学家的反感，走向另外一个极端，说是只要说出来的话能让人懂，其中就没有任何省略。要是平心静气来考虑，应该说是有省略,但是有条件:第一,如果一句话离开上下文或者说话的环境意思就不清楚,必须添补一定的词语意思才清楚;第二,经过添补的话是实际上可以有的,并且添补的词语只有一种可能。这样才能说是省略了这个词语。比如,'稿子写得不好就重写,一次不行写两次,两次不行写三次,'如果没有上下文,'一次不行'的意思不清楚,抽象的'一次',不连上一定的动作,就说不上'行'和'不行',而要添补就只能添补写,不能添补别的。又如'他买了两本画报,我也买了一本,'光有后半句,不知道'一本'是一本什么,连上前半句就知道省略的是画报。跟这个不同,'你一言,我一语,'可以在'一言'和'一语'前边添补说或者来,但不能限定是说或者是来,并且实际上都不这样说,我们就只能说这里隐含着一个'说'或'来',不能说省略了一个说或来,至少只能说省略了一个动词。同样,在'他要求参加'和'他要求放他走'里边,可以说'参加'前边隐含着'他','放'前边隐含着'别人',但是不能说省略了他和别人,因为实际上这两个词不可能出现。'隐含'这个概念很有用,'隐含'不同于'省略',必须可以添补才能叫做省略。

78 讲到**倒装**,最好不用这种说法。'顺装'和'倒装',把句子成分的位置绝对化了,而一种句子成分如果有不同的几个位置,大概都有一定的条件,合于哪个条件就出现在哪个位置上,这就无所谓'顺'和'倒'了。

79 再谈谈**图解**和**代号**问题。前边谈结构层次和结构关系的时候曾经提到用图形表示的办法,句子的格局同样也是可以用图形来表示的。有一个时期,我国的语法教学中盛行一种图解法,其来源是美国学校课本里流行的里德和凯洛格图解法,它在五四前后流入我国,先用于英语语法教学,后来又被采用于汉语语法教学。这种图解法现在知道的人还很多,这里就不举例了。图解法把抽象的道理形象化,无论在教学上或者在研究上都不失为有用的工具。通行的图解法可能有某些不完善的地方,这是可以改进的;至于由于体系的不同,对原有的画法要作必要的调整,那就更不用说了。除这种用纵横斜直的线条构成的图解法外,还有别种方式,例如用字母和符号组成的。理想的图解法该具备三个条件,一是形象化,二是能保存原有的语序,三是有伸缩性,可繁可简。如果有人把语法分析上曾经利用过或者可能利用的各种图解和符号搜集起来,做一个比较研究,那倒是很有意思的。

讲到符号,首先想到的是那些代替词类名称和句子成分名称的字母,例如:N=名,V=动,S=主,P=谓,O=宾,等等。这些代号在国际上已经通行(除俄语外)。我们有些语法学者,可能因为这些字母有'外来'之嫌吧,还不愿意采用,要改用 M,D,Z,W,B 等等。需要不需要这种考虑?在数学上我们也曾用过'天元、地元'等等,后来还是接受了 X,Y。化学元素的代号也是一个例子。这跟术语的沿用和创新(参看 **3** 节)还不一样,不涉及涵义的异同,是一个单纯形式问题。

80 有哪些**句子成分**?一般都说句子有六种成分:主,谓,宾,补,定,状。是不是只许有六种?可不可以有七种八种?或者五种四种?这个问题大可讨论,现在姑且不谈。六种成分之说从二十年代起就有,可是名称和内容都有过些变化。名称方面,主语一直是主语,或者叫主词,谓语曾经有过表词、述语等名称,宾语也叫目的格,补语原来叫做补足语,定语和状语都曾经叫做加词或附加语。比名称的分歧更重要的是内容的改变。内容改变比较小的是定语和状语。其次是主语和谓语,主语原先不包括'倒装的宾语'，谓语不能是名词（归入补足语，或者叫做表语），也没有'主谓谓语'。变化最大的是宾语和补语，宾语在动词后边扩大到包括时量和动量，甚至施事，但同时从动词前撤退，补语则更加'面目全非'，因为'补'的基本概念改变了。下面就这六种成分分别讨论。

81 先谈谈**主语**和**宾语**的纠纷。关于这个问题，1955 年有过一次广泛的讨论，持续到 1956 年上半年，先后发表了好几十篇文章，可是没能得出一个一致或者比较一致的意见。

主语宾语问题的症结在哪儿呢？在于位置先后（动词之前，动词之后）和施受关系的矛盾。在名词有变格的那些语言里，哪是主语哪是宾语不成为问题，因为有不同的格做标志。汉语里边，名词没有变格，区别主语和宾语失去主要的依据，只能在位置先后和施受关系上着眼。在多数句子里，代表施事的名词出现在动词之前，代表受事的名词出现在动词之后。把前者定为主语，把后者定为宾语，是没有人不同意的。但是多数句子不等于所有句子，在两项标准不一致的时候就会有不同的意见。优先考虑施受关系的人，遇到施事在后的句子，比如'门口站着解放军'，就说这是'主居谓后'，通俗点而就叫做'倒装'；遇到受事在前的句子，比如'这个会我没参加'，就说这是'宾踞句首'，也是'倒装'。可是遇到像'信已经写好了'这样的句子，就贯彻不下去了，不得不妥协一下，说这是'被动句'，'信'是受事作主语。

优先考虑位置先后的人，同样遇到这种种情况，可是难不住他。照他的办法，凡是动词之前的名词都是主语，凡是动词之后的名词都是宾语。干脆倒是干脆，只是有一个缺点：'主语'和'宾语'成了两个毫无意义的名称。稍微给点意义就要出问题，比如说‘主语是一句话的主题’吧，有些句子的‘主语’就不像个主题。例如‘前天有人从太原来，’能说这句话的主题是‘前天’吗？‘一会儿又下起雨来，’能说这句话的主题是‘一会儿’吗？

82 要解决这个矛盾，关键在于认清两个事实。第一，从语义方面看，名词和动词之间，也就是事物和动作之间，可以有多种多样的关系，决不限于施事和受事。‘施——动——受’的句子，论数量确实是最多，可是论类别却只是众多种类之一。下面的句子都是‘施——动——受’以外的‘$名_1$——动——$名_2$’句。其中有的是：$名_1$＝施事，$名_2$≠受事；有的是：$名_2$＝受事，$名_1$≠施事；有的是：$名_1$≠施事，$名_2$≠受事。

新来的同志都已经分配了工作|这孩子种过牛痘没有？|王冕七岁上死了父亲|从此我们就断了消息|我们明天考语文|我只错了一道题|他大我三岁|棉衣换成单衣|他后悔两件事：……|我送你的电影票你看了没有？|这个问题一直存在两种意见|事情可也不能都怪他|下一步就要看你的了

这些句子里边的名词，除代表施事或受事外，有的代表工具，有的代表原因，有的代表比较的对象，有的代表变化的结果，有的代表受到有利或不利影响的人物，等等。在这些例子面前，主施宾受的理论完全站不住脚了。

83 必须认清的第二点，也是更加重要的一点，那就是：主语和宾语不是互相对待的两种成分。主语是对谓语而言，宾语是对动词而言。主语是就句子格局说，宾语是就事物和动作的关系说。主语和宾语的位置不在一个平面上，也可以说是不在一根轴上，自然不能成为对立的东西。主语和宾语既然不相对立，也就不相排斥。一个名词可以在入句之前做动词的宾语，入句之后成为句子的主语，可是它和动词之间原有的语义关系并不因此而消失。不但是宾语可以分别为施事，受事，当事，工具等等，主语也可以分别为施事，受事，当事，工具等等。在一定程度上，宾语和主语可以互相转化。‘写完了一封信’⇌‘一封信写完了’之类的例子不用说，更能说明问题的是下面这种例子：

> 西昌通铁路了：铁路通西昌了|这个人没有骑过马：这匹马没有骑过人|窗户已经糊了纸：纸已经糊了窗户|竞争和战争，争霸和称霸，充满了帝国主义的整个历史进程：帝国主义的整个历史进程充满了竞争和战争，争霸和称霸

似乎不妨说，主语只是动词的几个宾语之中提出来放在主题位置上的一个。好比一个委员会里几个委员各有职务，开会的时候可以轮流当主席，不过当主席的次数有人多有人少，有人老轮不上罢了。可以说，凡是动词谓语句里的主语都具有这样的二重性。

在对上面所说两点的认识的基础上，可以提出两个问题来讨
84 论。第一个问题：既然不能拿施受关系来分别主语和宾语，可不可以用位置先后做标准呢？这里边包含三个问题。(1)可不可以把谓语动词前边的名词都定为主语？(2)可不可以把谓语动词后头的名词都定为宾语？(3)通常在动词之后的名词，在一定条件下跑到动词前边，是不是由宾语变成主语？我们的想法是：(1)主语得像个主题，那些‘望之不似’的最好不承认它是主语。在没有主语的情况下，也许可以承认它是一种‘假主语’。(2)动词后头的名词性成分大致有表示事物，表示时间、处所，表示数量三类。现在的语法书，有的把这些全归入宾语，有的只承认表示事物的是宾语，其余的是补语，有的说后者是居‘副位’，即作状语(大致如此，细节有出入)。我们觉得全看做一种成分好，但是不

赞成叫做宾语(见下)。(3)对这个问题意见分歧最大,这里不能一一列举。我们的意见简单点说是:如果代表事物的'宾语'跑到原来的主语的前头,就得承认它是主语,原来的主语退居第二(这个句子变成主谓谓语句);不合乎这个条件的,原来是什么还是什么,位置的变动不改变它的身份。

85 **宾语还是补语**? 第二个问题:既然宾语不跟主语相对,有没有必要还管它叫宾语? 是不是换个名字好些? 不错,'宾语'这个名字已经叫了多年,叫熟了,叫惯了,最好不改。可是从另一方面看,只要你保留'宾语'这个名称,人们就要拿它跟'主语'配对,就要找一个标准来区别它们,或是施受关系,或是位置先后;就不想到它们各有自己的对立面(一个是谓语,一个是动词),各有把自己区别于它的对立面的标准。因为'宾'和'主'相对,正如'阴'和'阳'相对,'负'和'正'相对,已经深入人心,牢不可破,不管你说多少遍'主语和宾语不是对立的东西'也没用。而且,由于历史的原因,要让'宾语'包括受事(以及比较接近受事)以外的事物也有困难;例如对于'施事宾语'就有人摇头。那么,不叫'宾语'叫什么呢? 如果没有更好的名称,似乎不妨叫做'补语'。补语这个名称比宾语好,不但是不跟主语配对,而且可以包括某些不便叫做宾语的成分。至于现在通行叫做'补语'的东西怎么办,可以再研究。

不管是叫做宾语还是叫做补语,总之是品种相当多,活动能力相当强,是最值得研究的一种句子成分。这里不打算详细谈,等将来有机会的时候专门写一篇文章来讨论。

86 **补语**。如果实行把'宾语'改个名字叫'补语',那就跟现在一般所说的'补语'发生冲突了。早先没有'补语'的名称,只有

‘补足语’。这‘补足语’的内容跟后来的‘补语’完全不同，相当庞杂：论成分，有是字后边的成分，有不及物动词后边的成分，有宾语后边的成分；论词类，有名词，有形容词，有动词。总起来分为‘主语补足语’和‘宾语补足语’两大类。按现在通行的体系，主语补足语或者归入宾语（名词），或者还叫补语（形容词）；宾语补足语连同它前边的宾语构成所谓兼语式。

现在通行的‘补语’也包括好几种东西。首先指的是‘走不了’的‘了’，‘走出来’的‘出来’，‘提高’的‘高’，‘说清楚’的‘清楚’，‘打扫干净’的‘干净’这一类动词后加成分。我们在前边讲语法单位的时候已经说了，这样的动词短语实质上是一种复合动词，只能作为一个造句单位，构成一个句子成分，不该分成两个成分。其次，‘补语’又指动词后边的表示动量和时量的词语，如‘学一遍’的‘一遍’，‘学三年’的‘三年’。这是有人觉得把它们放在‘宾语’里边不合适，特意提过来放在‘补语’里的。其实只要稍微一琢磨，就会发现，‘学一遍|学三年’跟‘学理论|学手艺’固然不一样，可是跟‘学好|学通|学透’又何尝相近，也许还相去更远。如果要合并，还宁可把‘一遍|三年’合并于‘理论|手艺’，因为同是名词性词语。原先因为都叫做宾语，好像不相容，现在如果按前面的建议都叫做补语，应该可以相安。此外，有的语法书上把插入复合动词里边表示可能性的得和不也叫做补语，这样，‘站不起来’里边的‘站’字后边就有了两个补语，可是得/不有没有词的资格都成问题，即使不认为是语缀，也只能算个助词。在动趋式里，得/不可以和了替换（站不起来～站了起来），如果得/不是补语，岂不是也得承认了是补语？

把上面的几种补语都打发了之后，还剩下两种补语有待处理。一种是动词(以及形容词)加得之后表示结果或程度的词语，如‘好得很’的‘很’，‘等得不耐烦’的‘不耐烦’，‘嚷得嗓子都哑了’的‘嗓子都哑了’，等等。这一类成分似乎可以划归状语。觉得新鲜吗？不，这是早已有过的，不过那时候不叫做状语而叫做‘后附的副词附加语’罢了。当然，这种放在后边的状语跟放在前边的状语的意味有所不同，只有表示结果和程度的可以在后，但这正是所以出现在不同的位置上的原因；尽管位置有先后之分，所用的词语却是往往相似(如‘慢慢地说’和‘说得慢’)，作为同类的成分是没有什么不可以的。

有几位语法学家认为这一类成分是一种谓语，主语是一个主谓短语，这种句子是‘主谓谓句’(跟‘主主谓句’可以配对儿)，这种主谓短语不同于一般的主谓短语在于有一个后缀性的得字。这种看法不为无理。有人更进一步，说这个得就是的，这里的主语不是主谓短语，而是名词性的的字短语，那就有点不合乎实际了。

另一种是动词后边的形容词(可以扩展成短语的)，例如：‘她不算太胖|他的态度显得很不自然|我去晚了|路走多了|鞋买小了’等等。这些形容词(短语)在早期的语法著作里属于主语补足语，后来的书上有称之为表语的。这一类成分是从来没有人把它收进宾语去的；如果把宾语改称补语，似乎可以容纳这一类成分。要是这样，新的‘补语’里边除事物补语、时地补语、数量补语之外，还得包括这一类‘性状补语’。这是一种办法。如果要把补语限制在名词性词语的范围之内，这一种成分就只好也归入状语。

有人要说，状语是修饰动词的，这里的‘胖|不自然’等等，不修饰前边的动词，而是指向动词前边的主语，怎么能叫做状语呢？

那么，我们就得修改状语的定义，说是动词后边的状语可以不描写动词本身而描写动词前边的主语。前面那种位于带得的动词后边的状语也有类似的情况，例如‘他的书架收拾得十分整齐’，‘整齐’也不是描写‘收拾’这个动作而是描写被收拾的‘书架’。

上面这两种成分，如果觉得既不好归入新的补语，又不好归入状语，就得另立名目。

87 **状语**。状语一般指动词前边的修饰性词语。刚才所说的动词（带得和不带得）后边的状语可以叫做后置状语，它的性质也是修饰性的。除修饰性的状语外，还有起关联作用的状语，如‘首先|最后|同样|反之|此外|例如|特别是’等。此外还有有的语法书上称之为独立成分的词语，如‘奇怪|可惜|幸而|可见|据说|看起来|老实说|俗话说得好’等，也可以归入状语，是评注性质的状语。修饰状语是动词的连带成分，关联状语和评注状语则属于全句，是在划分主谓之前就得先划出去的成分。

88 **介系补语**。动词前边常常有一个介名短语，这是不是它的状语呢？现代汉语的介词绝大多数是从动词演变来的，至今还或多或少保留着动词的性质，例如不少介名短语可以做谓语：‘每次发货，他都按照规定的手续’（参看 **45** 节）。有些语法学者强调介词的动词性，甚至认为跟一般动词没有分别，把介名短语作为连动式的一部分。多数语法书则说介名短语在动词前是状语，在动词后是补语。介名短语作为状语，对于别的介词还说得过去，对于把，被，由等有点说不过去，因为这几个介词引进的施事和受事都紧贴着动词，语义贯通，很难说是仅仅起修饰作用的状语。我们认为首先应当研究一下介名短语里边哪是主要成分，是那个介词啊，还是那个名词？无疑是那个名词。那么，最合理的办法

是把动词前后的介名短语都当作一种类型的补语，——介系补语。有些有名词变格的语言，有的格前边不能有介词，有的格前边必须有介词，有的格前边可以有介词也可以没有介词，可见介词的有无不足以把后边的名词区别为截然不同的两种成分。古汉语里最常用的介词是于字，很多地方这个于字可用可不用，这个习惯现在还残留在‘宣传群众|忠诚党的教育事业’这些例子里。现代汉语里的在字也有类似的情况，如‘坐[在]床上|掉[在]地下’。

89 ‘六大成分’还有两种没有谈到，谓语和定语。关于定语，没有什么需要特别讨论的，只要记住：定语只是名词短语的一个成分，不是句子的直接成分，一般不影响句子的格局。关于谓语，一向有一个容易引起混乱的问题，就是指大（‘完全谓语’）还是指小（‘简单谓语’）。这在前边已经谈过，一切成分都以指大为妥。此外还有三个与谓语有关的问题：一个是‘述语’，一个是是字，一个是主谓短语做谓语。

述语？述语原来是谓语的别名。最早用‘谓语’的是《英汉汉诂》(1904)，最早用‘述语’的是《新著国语文法》(1924)。过去的语法著作里没有同时用这两个名称的。最近才有既用谓语又用述语而给以不同的定义的：谓语和主语相对，一块儿构成一个主谓结构；述语和宾语相对，一块儿构成一个述宾结构。这是从严格区分词类名称和结构成分名称出发，用意是很好的。但是贯彻起来不无困难。一则名目太多。假定一共区别出六种结构，就要有十二个名称。其中除主谓结构的两部分不能借用词类名称外，其余的都可以用词类名称代替一种结构的两方的一方，如名词和定语，动词和宾语，等等。二则有的结构还非用词类名称不可，例如‘数量结构’,‘介词结构’。(‘并列结构’离不开词类名称,又当别论。)这样,要不要在‘谓语’之外再引进‘述语’,是值得再考虑的。

90 **是字句**。是字的最常见的用法是放在两个名词(词或短语)中间。前边的名词是句子的主语,没问题。后头的名词呢?就不一其说了。老一点的说法认为是是系词或同动词,后头的名词是补足语或者叫做表语。后来出来过一种说法,认为是跟一般动词没有什么不同,后头的名词是它的宾语。现在比较通行的说法是这种句子用名词做谓语,是是判断词,一种特殊的动词,判断词加名词构成一个‘合成谓语’。

这种种不同的说法,关键在于对是字性质的认识。是字的性质跟一般动词又相同又不相同。侧重相同的一面,就说后边的名词是宾语或补足语;侧重相异的一面,就说是字后边的名词是谓语,是字只是起联系作用。这些都还只是就是字后边是名词的句子说,但是是字后边也常常出现动词或形容词,如‘他是不知道,不是故意’;有时候也出现介名短语或者带连词的小句,如‘我第一次看见他是在成都|我找你是因为有人托我带东西给你’;有时候是字还会出现在句子头上,如‘是我搞错了’。这种句子里边的是跟名词谓语前边的是相同还是不相同?有一种相当流行的看法,认为这个是字的作用是表示强调,是一个副词。然而强调作用和判断作用很难划清。有人说可以用重读不重读来分别,事实上名词谓语句里的是字在必要的时候也可以重读,非名词谓语句里的是字一般也不重读。像上面举的例句,正常的说法,重音分别落在知,意,都,东,错这些字上;强调的时候重音也不一定准落在是字上,如‘他'是不知道'不是故意|'是我搞错了～是'我搞错了’

（另外两句更不大会重读是字）。副词说既然不大站得住，能不能把是字的用法一元化呢？好像没有什么不可以。是字的基本作用是表示肯定：联系，判断，强调，都无非是肯定，不过轻点儿重点儿罢了。在名词谓语句里，因为用是字为常，不用是例外，它的肯定作用就不显著，好像只有联系的作用；在非名词谓语句里，因为一般不用是字，是字的肯定作用就比较突出。但是是字的肯定作用的强弱是渐变的，不是顿变的，跟不同句式的相关也只是相对的，不是绝对的。这样看来，完全有可能把是字的用法统一起来。这个统一的是字，它的后头可以是名词，也可以是动词，形容词，或其他词语。这样，要说是字后头的成分是宾语或者表语都有点不合适，还是认为是谓语较好。可是这主谓之间的是字算什么成分呢？有点不大好说。合成谓语说是想滑过去，很多人不满意。我想提议把这个是字叫做'前谓语'，意思是：它是谓语的一部分，但不是谓语的主要部分，是各种谓语类型的句子里都可以出现，而名词谓语句里经常出现的。

91 **主谓短语作谓语**。汉语里边有主谓谓语句，现在已经没有人否认了。可是这种句式的范围有多大，内部结构能复杂到什么程度，看法还不一致。有人认为凡是动词前边的名词都是主语，有几个名词就有几个主语。比如'这事儿我现在脑子里一点印象也没有了'这么一句话，先是'这事儿'，然后是'我'，然后是'现在'，然后是'脑子里'，然后是'一点印象'，前前后后一共五个，挨个儿当主语，而谓语则是从'我现在脑子里一点印象也没有了'逐步缩小，缩到最后一个是'也没有了'。这就大大扩大了主谓谓语句的范围，会不会把一些有用的分别弄模糊了？我们的意见，既然动词之前除主语外还允许出现补语，那么只有不能用

‘主——补——动’句式来说明的才是主谓谓语句。说得更具体点，(1)主谓谓语句里的小谓语不是动词谓语，(2)小谓语是动词谓语，但主语不能跟这个动词挂钩。这样，下面的句子是主谓谓语句：‘这一次分配来的知识青年，上海的最多|[用这种办法来领导，]谁还思想不通呢？|无线电我是门外汉’(以上合乎第一个条件)；‘这个问题他心里已经有底|什么事情她都抢在前头|这个地方我认为比杭州还好’(以上合乎第二个条件)。反之，‘我们一个会也没开|我三块钱买了一本词典|他这一回代表没选上，’都不是主谓谓语句。同样，‘[要人，]我第一个报名|他嘴里不说，心里明白’等等也不是主谓谓语句。比较难于决定的是受事作主语而施事补语在动词之前的句子，例如‘这些书他全看过’。按说这也可以归入‘主——补——动’句式，但是从两点考虑又似乎归入主谓谓语句较好。一，主谓谓语句的作用，说明性多于叙述性，这个例句也是说明性多于叙述性。二，主谓谓语句往往在大主语之后出现停顿，这个例句也是这样。但是这两点都是相对的，不是绝对的，难以作为划分句式的标准。另一方面，如果把这一句归入主谓谓语句，有一系列句子不好决定，因为其中动词前边的名词可以解释为施事补语，也可以解释为工具补语，例如：‘战士们头淋着雨，脚踩着烂泥|这种人手不能提篮，肩不能担担|他一只手牵着一个孩子，’等等。这倒是有点两头儿为难。

92 **连动式**。现在来谈谈连动式和兼语式，两个经常引起争论的谓语类型。自从连动式出现在语法著作中以来，一直有人要取消它，也一直没取消得了。要取消它，因为总觉得这里边有两个(或更多)句子成分；取消不了，因为典型的连动式很难从形式上决定其中哪一部分是主体，哪一部分是从属。不少人主张把连

动式的前一部分作为状语。不错，很多连动式是前轻后重，例如‘坐车回家|赶着做活。’可是前重后轻的情况也不少，例如‘买菜去|写个信[去]试试|说着玩儿。’还有前后难分轻重的，例如‘躺着不动|这东西留着有用|喝酒喝醉了。’看样子连动式怕是要终于赖着不走了。剩下的问题就是要给它划定界限。凡是能从形式上划成别的结构的，就给划出去。留下来的，尽管有的能从意义上分别两部分的主次，还是不妨称为连动式，同时说明意义上的主次。

93 **兼语式**。在‘兼语式’出来之前，语法书上认为这种结构是：动词＋宾语＋宾语补足语。兼语说出来之后，宾补说似乎过时了。然而兼语式也仍然一直有人要取消它，也一直到现在没取消了。兼语式跟连动式一样，有跟别的结构划界的问题。首先是跟主谓短语作补语（宾语）的区别。一个办法是用可能的语音停顿（实际是拉长）来辨别，如：‘我知道——他走了’（主谓作宾），‘你通知他——来开会’（兼语式）。有时候好像两处都能停：‘我看见他——从食堂里出来|我看见——他从食堂里出来。’于是又有一个办法，看能不能改变语序，如：‘他走了，我知道，’行，原句是‘主谓作宾’；‘他来开会，你通知|他从食堂里出来，我看见，’都不自然，原句只能是兼语式。但是这也不完全可靠，例如‘连省里的报纸都在表扬你们创造了新纪录，’一般认为是兼语式，然而可以改变为‘你们创造了新纪录，连省里的报纸都在表扬。’另一个问题是跟双宾语划界。这本来不难，只要看‘兼语’跟后边的动词有没有主谓关系，但是有人要扩大双宾语的范围，就把问题闹复杂了。例如‘我托你带给他’是兼语式，不必比照‘我托你一件

事,'把'带给他'也作为一个'宾语'。总的说来,兼语式的划界还不是太难。

94 比较严重的问题是兼语式不适合层次分析。兼语式的定义就是一个动宾结构套上一个主谓结构,画个图就是

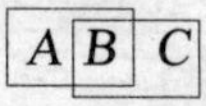

。这怎么适用'二分法'呢?这倒是主张取消兼语式的一个有力的理由。要是取消兼语式,一个办法是回到宾补说,虽然宾补说如何适应层次分析也是个问题。另一个办法是承认这也是一种主谓短语作补语(宾语)的格式,虽然在语音停顿上跟一般的主谓短语作补语有点不一样。'你通知他来开会','他来开会'是'通知'的预期结果,是一种结果补语。(代表具体事物的结果补语如'写篇文章'的'文章','修条马路'的'马路',在句子里的活动方式跟一般受事补语没什么两样。)'我爱他老实','他老实'是'爱'的原因补语(类似'帮忙'的'忙')。这些是兼语式中最重要的两类。

95 还有一类句子通常也包括在兼语式里边:'她有一个儿子参了军。'这没有问题,可是引起别的问题。兼语式可以用公式'名$_1$——动$_1$——名$_2$——动$_2$'来表示,其中名$_2$是动$_1$的受事,又是动$_2$的施事,动$_2$跟名$_1$没有关系。有些句子里边,动$_2$不仅跟名$_2$有关系,跟名$_1$也有关系,如'我有一期画报丢了。'通常说这是连动式,其实跟一般连动式不一样,是连动式兼兼语式,如果我们不把名$_2$对动$_2$的关系限于施事的话。这一句里'画报'是'丢'的受事,别的句子里还可以有别的关系,如'我有办法叫他来'(工具),'我这儿有人说着话呢'(交与),'你完全有理由拒绝'(理由),'我们有时间做,可是没有地方放'(时间、处所)。

96 动词之后。兼语式问题实际是动词的后续词语这个总问题的一部分。各种情况大致如下：

(1) 他已经写了一篇。(后续名词)

(2) 他答应另写一篇。(后续动词,施事同于句子主语)

(3) 他允许另写一篇。(后续动词,施事异于句子主语)

(4) 他同意另写一篇。(后续动词,施事同或异于句子主语)

(5) 他答应我另写一篇。(后续一名一动,动的施事同于句子主语)

(6) 他允许我另写一篇。(后续一名一动,动的施事同于名)

(7) 他问我一个问题。(后续二名)

(8) 他问我[他]可不可以去。(后续一名一主谓语,主语同于句子主语,省)

(9) 他问我[我]去不去。(后续一名一主谓语,主语同于名,省)

(10) 他问我[我/他]能不能去。(后续一名一主谓语,主语同于名或句子主语,省)('我'后的'能'和'他'后的'能'意思不同。)

(11) 他问我你去不去。(后续一名一主谓语,主语不同于名或句子主语)

(12) 我找个人教你。(同(6),但可以留名去动)

(13) 我找个人问个问题。(后续一名一动,动的施事同于句子主语)

(14) 我找个人一块儿去。(后续一名一动,名与主语共为动的施事)

(15) 我找本书你看。(后续一名一主谓语,名为主谓语中动词的受事)

(16a) 咱们找个地方说说话儿。(后续一名一动,动的施事同于句子主语,名为动的处所补语)

(16b) 咱们另找时间谈吧。(同上,名为动的时间补语)

(16c) 咱们想个法子通知他。(同上,名为动的工具补语)

这些句子的相互关系如下图：

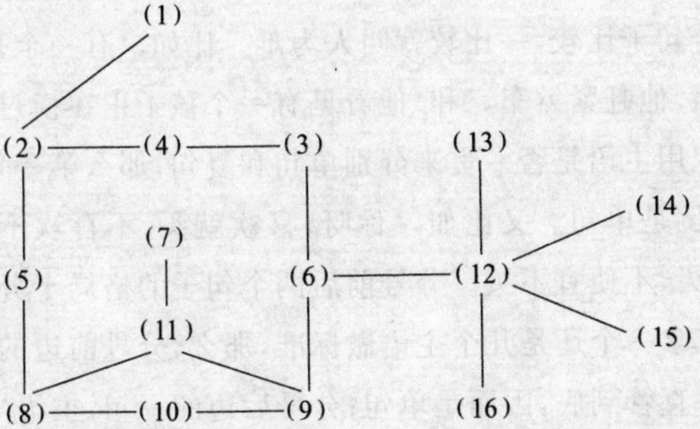

这里边，按现在通行的说法，有的是一个‘宾语’，有的是‘双宾语’，(6)和(12)是‘兼语式’，(9)是否兼语式不明确，(13)(14)(16)是‘连动式’，同时也该算是‘兼语式’，因为后续名词跟后续动词不是没有关系。从这些例子可以看出来，光靠‘宾语’，‘双宾语’，‘兼语’这几个概念不足以辨别这种种情况。

97 **单句？复句？** 最后谈谈单句复句的问题。单句复句的划分是讲汉语语法叫人挠头的问题之一。1957 年曾经在刊物上展开讨论，最后也没有得出比较一致的意见。区分单句和复句，涉及三个因素：一，只有一个主谓结构，还是有几个主谓结构？二，中间有没有关联词语？三，中间有没有停顿？这三个因素正负交错，能有八种情况，加上有时候主语不好确定，问题就更加复杂了。拿最常见的问题做例子，‘她不说话，只顾笑，’有人认为是复合谓语的单句，有人认为是复句，第二个小句的主语承前省略。光就这个句子说，两种主张难分高低。同样格局，换个例子，‘他呀，一天到晚写，写，写，’似乎单句说比复句说强。可是，‘他就是爱打乒乓球，下了班到处拉人打球，外带能赢不能输，输了一定得再打下去，非赢一盘不罢休，’跟前边的两句一样，也是只有一个

主语，却又似乎单句说不如复句说。往往是这样：不能拿一个句子跟另一个句子比较，一比较就叫人为难。比如，‘有一个孩子正在横过马路，他赶紧煞车，’和‘他看见有一个孩子正在横过马路，赶紧煞车，’用主语是否一贯来分别单句和复句，那么第一句是复句，第二句倒是单句。又比如，‘你呀，喜欢就买，不喜欢不买；我呢，便宜才买，不便宜不买。’分号前后两个句子的格局十分相似，可是如果光拿一个还是几个主语做标准，那么，分号前边的一句，主语‘你’一直管到底，因而是单句；分号后边的一句，主语‘我’只管住‘买’和‘不买’，‘便宜’和‘不便宜’另有没露面的主语，因而是复句。西方语言里边，如果两个小句的主语不同，一个也不能省略，汉语却不是如此，后一小句的主语常常借用前一小句的某一成分，甚至无所承接也可以省略。例如：‘他十分信服老队长，吩咐他做什么，总是话才出口，抬腿就走|他还说我表扬不得，一表扬就翘尾巴，净给我吃辣的。’如果承认这样的句子是复句，而对于后一小句的主语同于前一小句因而省略的句子，非咬定它是单句不可，就未免有点不那么公平合理了。

以上是拿主语是一个还是几个这个标准来说。要是拿有没有关联词语这个标准来说，同样有露面不露面的问题。并且这两个标准会闹矛盾，例如两个小句共一个主语，但是中间有连词。拿有无停顿做标准也一样。总之，像汉语这种不爱搞形式主义的语言，要严格区分单句和复句，确实是一件相当困难的事情。下面再举几个句子，看是单句还是复句。

十月革命一声炮响，给我们送来了马克思列宁主义|生产资料少一点也可以组织合作社|1977 年比 1958 年，茶园面积扩大了 3.3 倍|帮助他们学会说话，语言科学工作者是有责任的

98 **句子的复杂化**。要让我说,尽管哪是单句哪是复句的问题还可以继续探讨,却也不妨把眼界放宽些,研究研究句子结构的复杂化和句子格式的多样化。让我们先用一个例子来说明句子是怎样复杂化的。

(1)闰土的心里有某些事

(2)这些事是希奇的

(3)闰土的心里有些希奇事

(4)这些事是无穷无尽的

(5)闰土的心里有无穷无尽的希奇的事

(6)我的朋友不知道某些事

(7)这些朋友是往常[结交]的

(8)我往常的朋友不知道某些事

(9)某些事是我往常的朋友所不知道的

(10)闰土的心里有无穷无尽的希奇的事,[这些事]都是我往常的朋友所不知道的。

句子的复杂化不外乎三个途径:一,添枝加叶;二,局部发达;三,前后衔接。在上面的例子里,(1—3—5)是主干,(2)(4)是枝叶;同样,(6—8)是主干,(7)是枝叶:这些是添枝加叶的例子。(5)加(9)成(10),这是前后衔接的例子。局部发达指的是某一个句子成分特别复杂,上面的例子里没有;如果把(10)的前半句里的有改成的,拿前半句代替'[这些事]'做后半句的主语,那就多少有点像。上面例子里从(8)到(9)不是句子复杂化的例子(没有增加什么),乃是改变句子格式的例子。

上面这个例子所显示的步骤,跟直接成分分析法恰好相反,那里是从整到零,这里是从零到整,那里是分析,这里是综合。跟所谓句本位分析法,先找核心成分然后逐步添加其他成分的办法比较,倒有几分相似。不同的是那种分析法每走一步都得说出一个句子成分的名目,交代一种结构关系,而这里完全免了。这个办法拿来教儿童造句，也许比较容易领会。

99 **句子格式的变化**。句子不光是可以复杂化，还可以多样化。句子的基本格式是有限的，可是实际出现的句子不都是那么一板三眼，按谱填词。（要是那样，说话写文章就太苦了。）下面举几个不那么'循规蹈矩'的句子，供读者研究（还可以参考 **97** 节末了的那些例子）。第一句略加说明，作为举例。

(1) 看书写文章，他都在晚上。（<他看书写文章都在晚上<他看书在晚上，写文章也在晚上<他[在]晚上看书；他[在]晚上写文章）

(2) 你真行，一讲就是三个钟头。

(3) 你去太原是明天还是后天？

(4) 她家养了一黑一白两只鸡。

(5) 他跟赵司机的车，这回还是第一次。

(6) '巴扎'是维语，汉语是集市的意思。

(7) 对于工作，他是越多越好，越难越好。

(8) 舒舒服服学不了大庆，轻轻松松改变不了面貌。

(9) 这是当教师的人都有过的经验，不过这个过程有人长有人短罢了。

研究句子的复杂化和多样化，可以说是在静态研究的基础上进行动态的研究，是不仅仅满足于找出一些静止的格式，而是要进一步观察这些格式结合和变化的规律。怎样用有限的格式去说明繁简多方、变化无尽的语句，这应该是语法分析的最终目的，也应该是对于学习的人更为有用的工作。

附　注

（方括号中数码指正文内的节次）

[5] 汉语里没有发达的形态变化，可以分三点来说。(1)有形态标志的语法范畴不多，有些重要的语法范畴在汉语里全无表示，例如名词、形容词的'格'，动词的'时'和'人称'。(2)某些可以算做形态标志的东西，不是对于一种语法范畴普遍适用，而是有条件。例如们，可以算做复数的标志，但是(a)只有指人的名词可以带们，指物的就不行；(b)带们的名词只能出现在主语的位置上（社员们都在那里修渠），不能出现在谓语的位置上（在那里修渠的都是社员[×们]）。(3)有一定程度的任意性。例如：大院里的孩子[们]都听石爷爷的话|带回来[了]两张参观券。

早先有些外国汉学家爱用西方语法体系来套汉语。拿的字做例子，他们说名词和人称代词后边的的是'属格'的标志，形容词后边的的是'形容词词尾'，动词和动词短语后边的的是'关系代词'，把一个有统一的作用的的字搞得四分五裂。绝大多数语言学家是反对用一种类型的语言的语法去讲另一种类型的语言的语法的。不光是不能用西语套汉语，也不能用汉语套西语。例如 O.Jespersen 在《语法哲学》39 页的一条脚注里说到他的语法分部理论曾受 Gabelentz 的《汉语语法》的影响，接着说：'但是汉语全然没有屈折变化，一切都跟我们西方语言不同，语序和"虚"词构成语法的全部，因而 G.的体系不能毫无改变地用到我们的语言上来。'

［7］著名语言学家 Roman Jakobson 有一句名言：Language without meaning is meaningless（没有意义的语言是不可思议的）。

［9］‘语素’和‘词素’都是 morpheme 的译名。morpheme 有过三个译名：形素，词素，语素。三个译名都对，因为 morpheme 这个术语先后有过三种意义。（1）最早指一个词里边的形态成分，跟表示实在意义的 semanteme 相对。例如 J. Marouzeau 的《语言学名词词典》（1951 增订三版）和 J. Vendryes 的《语言论》（英译本，1925）里边都用的是这个意义。这个意义的 morpheme 译做‘形素’最合适。（2）稍后又用来指一个词的组成部分，不管它的意义是虚还是实。例如苏联科学院出版的三卷本《俄语语法》（1953）里边就用的是这个意义。这个意义的 morpheme 译做‘词素’最合适。（3）最后出现、现在最通行的意义是指最小的有音有义的语言单位，不管它是词还是词的部分。这个意义的 morpheme 译做‘语素’最合适。（2）和（3）的意义似乎相差不多，实际不然。‘词素’是从‘词’分解出来的，没有‘词’就谈不上‘词的组成部分’。‘语素’不以‘词’为前提。完全可以设想有一种语言只有语素和它的各种组合，在一定条件下形成句子，没有‘词’这样的东西。所谓‘多重综合语’就接近这种状态。

［16］参看吕叔湘《说‘自由’和‘粘着’》（《中国语文》1962 年 1 期）。

［18］这里所说‘词根’跟西方语言里的‘词根’的意义稍有不同，西方语言的构词以派生为主，跟词根相对的是词缀，汉语构词以复合为主，跟词根相对的是‘根词’，即既能单用又能构词的。

［21］‘词汇的词’和‘语法的词’的矛盾，早就有人说过。例

如 Charles Bally 在他的《一般语言学和法语学》(1944 第二版)466—470 节里就认为语法里 mot(词)这个字的意思太笼统,在他的书里管'词汇的词'叫 sémantème(这可跟 Marouzeau 和 Vendryes 的 sémantème 不一样),管'语法的词'叫 molécule syntaxique(句法句子)。除了词汇的词和语法的词之外,还有书写的词即正字法的词。汉语目前还是用汉字书写,'字'和'词'不一致已经到了非用两个不同的名称不可的程度。(用不同的名称是为了避免混淆,但是在对语文问题不怎么注意的人中间,二者还是常常混为一谈的。)即使将来改用拼音文字,能否使书写的词和词汇的词完全一致,也还要等实践来解决。用拼音文字的语言如英语等,正字法的词和词汇的词也还不能完全一致。M.A.K. Halliday 等三人合著的《语言科学和语言教学》(1964)中就说英语里'word'这个字有语法上、词汇上、正字法上三种不同的意义,因而在讨论语言时引起混乱(36 页)。

《中国语文》1954 年 4 期有彭楚南的一篇《两种词儿和三个连写标准》,那里边所说的两种词是'形式词'和'理论词',实际上也就指的是正字法的词和语法的词。过去讨论'词'的问题老是跟拼音连写问题搅在一起,往往是先考虑什么样的一个片段最好连起来写,使用方便,然后想方设法从语法上'证明'它是一个词。这就难免有时候要强为之说,引起非难。如果认清正字法的词和语法的词不是一回事,连写与否只需要从正字法的角度考虑,不勉强语法理论去为正字法服务,就可以省去许多无谓的笔墨。

[24] 关于单音形容词和名词组合不很自由,可以看朱德熙:《现代汉语形容词研究》(《语言研究》,1 期,1956)和吴之翰《形容词用法研究》(《中国语文》,1966 年 2 期)。

[25] 关于有的字和没有的字是两种不同的结构,可以参看范继淹:《形名组合间"的"字的语法作用》,(《中国语文》,1958 年 3 期)。

[25,26] 如果一种语言里的'词'的结构比较简单,它的'个儿'比较小,那么词和句子之间的距离就很大,把这中间的不同繁简程度的片段都叫做'短语',在运用上是不太方便的,因而有些语法学家就针对这总情况想办法。例如 R.Quirk 等四人合著的《当代英语语法》(1972)就根据英语的情况,把名词短语分为基本名词短语和复杂名词短语,又扩大动词的范围,把某种类型的动词加介词、动词加形容词、动词加助词(指别的书上划归副词的 up 等)全叫做 multi-word verbs(多词动词)。

[27] 有少数动名组合,如'注意',有两种用法,既可以说'注点儿意',又可以说'要注意天气变化'。这得承认有两个'注意',一个是动宾短语,一个是单词(及物动词)。

很多动名组合,两个成分或其中的一个不能单用,因而整个组合一般也不拆开用,可以当作一个词看待。但是要拆开也很容易,例如:

努力:还要大家努一把力|赌气:你这是赌的哪家子的气?|报名,过期:去年报名过了期,今年报上名就有希望了|谢幕:一连谢了三次幕|裁军:裁军必须首先裁超级大国的军

这一模式在现代口语里占很大优势,许多不是动宾结构的词被人们当动宾结构来用,例如:

考完试|登个记|我跟他同过三年学|好!我赞你的成!|就这么定了,甭再考什么虑了!

[30,31] 各家对于主谓结构的分类大致有甲、乙、丙三种,如下:

例：(1) 我知道他要去。

(2) 他要去的地方很远。

(3) 他要去就让他去。

(4) 他要去，他爱人不想去。

	(1)	(2)	(3)	(4)
甲	小句(名)	小句(形)	小句(副)	小句
乙	子句(名)	子句(形)	从句	分句
丙	主谓短语	主谓短语	分句	分句

甲种分类法是西方语法书中最通行的一种。最近有些书上把小句的范围扩大，包括别的书上的动名词短语、分词短语等等。我国语法学者有把小句改称句子形式而分别'首品'、'次品'、'末品'与'平等'的，实质上跟上面所列甲种分类没有分别。乙种分类法首先分别子句和非子句。前者又分别'名'和'形'，都是作用等于一个词，作为一个句子成分的。后者都是作为句子的一个部分而不是作为一个成分的；没有一个总名，在主从复句内分别主句和从句，在并列复句内都是分句。丙种分类法把(1)(2)和(3)(4)区别开来，跟乙种分类相同，但是把(1)(2)划归短语，跟乙种分类不同。有的语法著作里把(1)(2)(3)(4)都称为主谓结构，但同时认为(3)(4)是分句。

[33] 赵元任在两篇文章里谈到划分单位的问题，立论颇为通达。(a)'然而与其说这是一个实质问题，毋宁说这是一个名称问题，因为，如果所有的单音节(除上述例外)都算做词，研究它们的关系都算句法，那么我们就得在句法中再分平面，有的单位是别的单位的组成部分。因而，我们愿意分别称之为(1)粘着语素，词，短语，还是愿意分别称之为(2)词，紧密短语，松散短语，这在一定程度上是一个怎么方便怎么办的问题'。(《国语结构不同层

次中形态上跟意义上的参差》,载《历史语言研究所集刊》第二十八本)(b)'我们为什么要在汉语里寻找那些存在于别的语言里的东西呢? 进一步研究的更有成效的途径应该是,决定在那些单音字儿和句子之间有哪些类型的中间单位,而把管这些类型的单位叫什么这个问题放在次要地位去考虑。'(《中国语文里节奏与结构的观念》,载《台湾大学考古人类学刊》第三十七、三十八期合刊)这两篇都是用英语写的,引文是译文。

关于单语素词的活动受限制,可以参看吕叔湘《现代汉语单双音节问题初探》(《中国语文》,1963 年 1 期)。

[36] 用形态作为分类的根据,例如古代希腊的有名的语法学家 Dionysius(公元前第二世纪)在他的书里把古希腊语里的词分为八类:

(1) 名词:有格的变化。

(2) 动词:没有格的变化,而有时、人称、数的变化。

(3) 分词:兼有动词和名词的特点。

(4) 冠词:位于名词之前和之后,有格的变化(此类包括希腊语里边的有定冠词和关系代名词)。

(5) 代名词:用来代替名词。

(6) 前置词:在造句和构词中用于别的词类之前。

(7) 副词:没有格的变化,附属于动词。

(8) 连词:连接思路,填补理解中的缺口。

古代罗马的有名的语法学家 Varro(公元前 116—27)在他的书里把拉丁语的词分为四类:

(1) 有格变的词——名词。

(2) 有时变的词——动词。

(3) 有时变又有格变的词——分词。

(4) 没有格变也没有时变的词——连词和副词。

以上转引自 R.H.Robins,《古代和中世纪欧洲语法理论》40 页,54 页。

[50] 金兆梓的主张见《国文法之研究》113 节:'第五须声明的,就是介词联词和向来讲文法的所谓介词联词不同。向来所谓介词是单表字与字的主从关系的,联词是表句与句联接的关系包括主从[和]衡分的,而且又包括字与字衡分关系的。这里所列为介词,不论介字或介句,只要是表主从的关系,都叫他介词。……所以我这里的介词联词是主从连合与衡分连合的分别,不是字与句的分别……'

陈承泽在《国文法草创》介字章注三十八(1957 年重印本 61 页)里说:'有人将与字全认为连字,亦有全认之为介字者,说明上均有不便之处。'后半句当是指马建忠,前半句可能是指金兆梓(《国文法之研究》出版于 1921 年,《国文法草创》出版于 1922 年)。

瑞典语言学家 A.Noreen 在他的大著《我们的语言》(1903—18)中讲到这个问题,认为连词和介词的合理区分应当是把连词限于连接小句的,分为并列连词和主从连词;把连接两个词的连词分出去,和介词合称'傍词'(apudpositions),也分为并列和主从两类,后者即原来的介词。他的连介系统列表如下:

	连接词与词	连接小句与小句
总　　名	apudpositions	conjunctions
连接并列成分	sepositions	objunctions
连接主从成分	prepositions	subjunctions

以上转引自 Rudolf Magnusson,《词类理论的研究》(1954),63 页。

[53] 关于词类的活用和转变,陈承泽在《国文法草创》中有很细致的论述。简单点说,他分别四种情况:(1)本用的活用(共九种),如'白马之白也'的第二个白字;(2)一般的非本用的活用(共九种),如'晚来天欲雪'的雪;(3)特别的非本用的活用(共四种),如'彼白而我白之'的第二个白字;(4)变义,如悬由忠实之义变为请求之义。

Rudolf Magnusson 在《词类理论的研究》中认为从纯动词到纯名词是一个渐变的过程,经过一系列的阶段,摘记以供参考。(作者根据他的理论,从名词出发,逐步接近动词,下面依照他的顺序,见原书 84—87 页。)第一阶段是纯粹的动名词,限于跟形容词和不及物动词相应的,不受副词修饰,不能带施事。第二阶段是跟及物动词相应的动名词,能带不定式或小句作为它的受事。第三阶段以希腊语、德语中的不定式为代表,可以带各种受事和补语、状语,但也可以带定语。第四阶段以拉丁语、哥特语、瑞典语、英语、法语中的不定式为代表,一切与上项相同,但不能带定语,在这一点上与名词的距离又加大一步。第五阶段以英语的动名词(gerund)和西班牙语的不定式为代表,比上项更接近动词在于能带施事,但仍然不能有人称和单复数的变化。第六阶段以葡萄牙语的不定式为代表,已经有复数和第二人称单数的语尾。但作者也承认情况极为复杂,很难安排出一个逻辑上令人满意的表明逐步过渡的系统(88 页)。

O.Jespersen 创立'三品'说,一方面是为了解决词类活用问题,另一方面是为了把短语以及小句的句法功能跟词类的句法功能统一起来。另外有一些语法学家在名词、形容词、副词之外应用名词性成分(nominal),形容词性成分(adjectival),副词性成分

(adverbial)等术语,用意与 Jespersen 的三品说相同。但是 Jespersen 把三品的理论扩大到主从关系之外,应用到主谓关系上去,这是三品说招致非难的主要原因。

[60] 主谓短语和动词短语可以相通,参看附注[96]。'省去主语的主谓短语',至少在字面上是自相矛盾的。如果不把里边的'主'叫做'主语',而说它是动词的施事补语,那就可以把'主谓短语'纳入动词短语之内,补语本是可有可无,无所谓省略的。

[68] L.Bloomfield 在《语言论》中区别结构关系为两大类:(1)endocentric(内中心),整个结构跟它的所有成分或成分之一属于同一个'形式类';(2)exocentric(外中心),整个结构跟它的任何一个成分都不属于同一个'形式类'。前者又分为并列和主从两类。L.Hjelmslev 在《语言理论序论》中把结构关系分为三类:(1)interdependence(互依),两个成分互以对方为前提,即有甲方有乙,有乙方有甲。(2)determination(偏依),一个成分以另一个成分为前提,但反之则不然,即有甲方有乙(有乙必有甲),但有甲不一定有乙。(3)constellation(相容),两个成分不以任何一方为另一方的前提,但不相排斥。这两家用来区分结构关系的原则不同,结果却是基本上一样。Hjelmslev 的互依关系相当于 Bloomfield 的外中心结构,H.的偏依关系相当于 B.的内中心结构(主从),H.的相容关系相当于 B.的内中心结构(并列)。

[71] 语法分析的过程,可以从听话人的角度来看,也可以从说话人的角度来看。听话的人接触到一连串的声音,听完了,听懂了这句话的意思,这是一个由形式到意义的过程。说话的人相反,先有一个意思,然后借助于一连串的声音把它说出去,成为一句话,这是一个由意义到形式的过程。无论是说的人还是听的

人，都得掌握这种语言的语法体系才能胜利地完成说或是听的过程。（当然还得掌握这种语言的语音体系和词汇，这里只讲语法。）这个语法体系是怎么获得的，有人说是靠无数次的'反复试验'积累起来的，有人说是人类的脑子里有一个先天形成的（遗传的？）抽象的语法体系，儿童接触实际语言就把它具体化了，成为某一种语言的语法体系。持有前一种见解的人大多强调各种语言的语法的殊异性；持有后一种见解的人则强调各种语言的语法的共同性。多数语言学家，特别是结构主义学派，主张前者；转换生成语法学派主张后者。这两种主张分别跟哲学上的经验主义和理性主义相联系。

'反复试验'（trial and error，尝试和错误）是人类以及别的动物的生活中经常运用的手段，说话和听话也不例外。一个人听人说话，听了一个词，根据他的语法和词汇知识预期底下可能是一个（或哪几个里边的一个）什么词，也许猜对了，也许猜错了，一个个词顺次猜下去，猜测的范围逐步缩小，猜对的机会逐步加多，最后全对了，就叫做听懂了。听完了还不完全懂，这种情况也常见，多半由于说话的人说得不周到。说话也经历类似的过程，起头说的时候不一定'成竹在胸'，而是一边说一边挑选字眼儿，说完才算数。一句话说了一半另外起头的情形是常有的，甚至一而再，再而三地另外起头，最后还是不成一句完整的话。中间搭上许多嗯，啊，这个…这个…，也是很普通的现象。有时候把一句话想好才说出去（例如做学术讲演的时候），那也不是没经过'反复试验'，只是预先在脑子里进行罢了。

人们怎样学会一种语言，以及临时怎样说，怎样听，这些都是心理语言学（从前叫做语言心理学）及其分支神经语言学所要研究的问题。

对于怎样进行语法分析,不同的学派有不同的主张。传统学派的语法学家不怎么在方法论上寻根究底。‘这里有一个句子,咱们来分析。喏!这是主语,这是谓语,等等,等等,完了。’结构主义学派讲究‘发现程序’(discovery procedure),这跟这个学派的第一、二代学者多从事过陌生语言的调查有关。正宗的结构主义者讲究不求助于意义,理由是:为了了解这句话的意义,才需要做语法分析;要是已经了解这句话的意义,那就无须乎再做分析了。平常人说话听话,多咱做分析来着?这个话有部分理由,但是不全对。人们说话听话的时候,不是不做分析,上面说的‘反复试验’既包括词汇方面,也包括语法方面,只是这种分析做得极快,连自己都不觉得罢了。一般语法书上的分析,不反映分析的过程,只描写分析的结果。但是必须掌握(1)这种语言的语法习惯,或者叫做体系(不是这一家或那一家的‘体系’,是客观存在,不挂术语牌子的体系),和(2)当前这句话的意义,才能做出正确的分析,这是可以肯定的。(这可以用两种结构外貌相同的例子来证明,例如‘给你,车票和零用的钱,’如果不是从实际环境——拿给的是车票和钱还是没有车票光有钱——了解到这句话的真实意义,怎么能决定是这一种结构而不是那一种结构呢?)

结构主义学派强调‘发现程序’是从听话的角度出发的;转换生成语法学派与此相反,从说话的角度出发。一句话先有一个‘深层结构’,这个结构由囫囵逐步分裂成若干部分,然后按这种语言的语法习惯调整它的形式(主要是词序和形态),成为‘表层结构’即实际出现的句子。尽管出发点不同,必须掌握上面说过的两个条件(语法习惯和本句意义)是相同的。转换生成语法学派(指正宗派)否认意义的作用,说是可以先把句子的各个成分(抽象形式)调整好,然后让这些抽象的成分具体化,成为一个个有意义的词。这实在令人不解。试问,在具体为若干个有意义的词以前,凭什么把那些抽象的成分安排成这样一种秩序(次序和形态协调)而不是那样一种秩序?不是有点不可思议吗?

结构主义学派强调一句话的结构层次,以及怎样决定这个层次的过程。转换生成语法学者不强调这一点,好像这一个句子的具有这样一个层次是不成问题的。他强调的是秩序的变化,即一个'深层结构'怎样变成一个'表层结构'。这两派都不像传统学派那样重视整个语法体系,以及根据这种体系做出来的句子分析。转换生成语法的术语里只有名词,名词语,动词,动词语,等等,没有主语,谓语,等等。结构主义学派不这么极端,用些句子成分的名称,只是不怎么详细探讨。

[77,78] 转换生成语法里有所谓'换位'(transposition)和'消去'(deletion),跟传统语法里的'倒装'和'省略'有可以相通之处。

[79] Reed-Kellog 图解法,F. W. Householder 在他所编的《句法理论甲集》(1972)的导言中对它有较详细的介绍。这种图解法的来源是 Stephen W.Clark 的《实用语法》(1847)。Clark 是在每个词的周围画个圈,然后把它们连起来。A. Reed 和 B. Kellog 在他们讲英语语法和作文的书(1877)里改为在每个词的下面画横线,在不同的句子成分之间画竖线或斜线。在他们之后出版的课本里采用这种图解法也往往有些小修小改。总的说来,这种图解法在美国中小学里流传很广,时间很长,直到最近有的学校里还在用。这种图解法似乎没有在欧洲形成风气。

这种图解法传入中国大约在 1920 年前后。除了通过美国出版的课本外，也有在中国编辑出版的，其中流传最广的是 D.Lattimore 的《英文典大全》(1923，序言署 1921 年 7 月)。

用字母、数码和符号作图解的，可以拿 Jespersen 的《分析句法》(1937)做例子：

You	cannot	expect	more,	prices	being
S	Vn	O	3(S_2	P(Y	

what they are.

P_2 (Pc S_2 V)))

S 主语，Vn 动词，否定式，O 宾语，3 三级(=状语)，S_2 第二主语，P 表语，Y 分词，P_2 第二表语，Pc 表语兼连词。

[83] 主语和宾语这两个名称的来源是逻辑学上的主词和宾词，但是宾语所指的对象跟宾词不同了。古代希腊人把语法上的句子和逻辑上的命题混为一谈，共用 subject 和 predicate 这两个术语。最早介绍西方的逻辑学进中国的是明末的李之藻，在他所译的《名理探》(1631)里把 subject 译为'主'，predicate 译为'谓'。清末严复译《穆勒名学》(1905)，分别译为'词主'(括住'一曰句主')和'所谓'。更后就被'主词(辞)'和'宾词(辞)'代替了。语法方面，清末马建忠在《马氏文通》(1898)里分别译为'起词'和'语词'，而严复在《英文汉诂》(1904)里则译为'句主'和'谓语'。到了章士钊的《中等国文典》(1907)才分别用'主格'和'宾辞'，后者与逻辑用语一致，但仍然指的是谓语而不是后来的宾语。更后的语法著作如刘复的《中国文法通论》(1920)和金兆梓的《国文法之研究》(1921)都用的是'主词'和'表词'。

逻辑命题分别主词和宾词两部分就够了(或者在中间加上一

个系词，李之藻译为‘纽’，严复译为‘缀系’)，宾词内部没有再分割的必要；而语法句子则不然，如果谓语的主体是及物动词，就有一个重要的名词性连带成分。这个连带成分，马建忠称之为‘止词’，严复称之为‘受事(之字)’，章士钊称之为‘目的格’，刘复称之为‘受格’，都没有管它叫‘宾语’。到了金兆梓，才把它叫做‘客词’，但金氏不用‘宾’而用‘客’，可能是为了避免跟逻辑用语‘宾词’冲突。第一个把及物动词后边的连带成分叫做‘宾语’因而与逻辑学里的‘宾词’分道扬镳的，不知道是不是黎锦熙的《新著国语文法》(1924)；不管怎么样，‘宾语’这个名称是通过《新著国语文法》而得到广泛流传，这是肯定无疑的。让宾语跟主语相对，正如更早的止词跟起词相对，都是着眼于名词跟动词的关系，即事物跟动作的关系。这样就出现了主语的二重性：一方面是主和谓直接相对，是说明和被说明的关系，一方面是主和宾围绕动词相对，是施动和受动的关系。

各种句式之中，只有单独的主谓关系的是名词谓语句，其次是形容词谓语句。到了不及物动词做谓语，已经可以有两种看法：或者以主语为基点，谓语是加于主语的说明，或者以谓语动词为基点，主语名词代表体现动作的事物。但是不及物动词做谓语的句子，跟名词、形容词谓语句一样，还是‘二项式’，到了及物动词做谓语的主体，就成了‘多项式’，动作所赖以体现的事物就不是一个而是两个甚至三个，也就是说有了两个或三个主要的补语了。但是主语只能有一个，或者代表这一个事物，或者代表那一个事物。这时候主语的二重性就更加明显了。西方语法学著作里颇有重视名词句和动词句的分别的，不是没有理由，因为名词句(包括形容词作谓语的)只有单纯的主谓关系，不夹杂动作和施动、受动的关系。也有语法学家强调动作和事物(施动、受动及其他)的关系的重要性,竟不妨说是以动词为句子的中心的,例如L.Tesnière《结构句法原理》(1959)。

[85,86] 英美传统语法里的‘补语’也是很杂的,一般分别主语的补语和宾语的补语,也是有名词,有形容词,有动词,基本上跟《新著国语文法》里的‘补足语’相同。也有把宾语也包括进去的,但是 object complement(宾语补语)和 objective complement(宾语的补语)非常容易搞错,所以采用这种语法的不多。法语传统语法里的‘补语’包括英语语法里的宾语和一部分补语(名词性的),又包括几乎所有的介名组合。俄语传统语法里的‘补语’大致跟法语语法里的补语相同,但介名组合只收进去一部分,大部分归状语。

把得字后头的成分认为是谓语的,先有龙果夫(A.A.Dragunov),见所著《现代汉语语法研究》(中译本 96—98 页),后有赵元任,见所著《中国话的文法》355—358 页。他们二位都认定这里的‘得’应该是‘的’(从资料上考核,‘得’就是‘得’,只在一段时期的通俗文学里写成‘的’)。王力的语法体系里的递系式有三类,第三类就是这里讲的动词后带得的格式,他说‘我来的不巧了’里边,‘我来’是主语,‘不巧’是谓语。但是他认为‘得’是正体,‘的’是俗写,有方言为证。见所著《中国语法理论》上册 194—196 页,又注四十六。

[90] 这里说是字是‘前谓语’,如果用转换生成语法的‘深层结构’理论来说,也可以说是是高一级的谓语。比如说,‘他北京人+是>他是北京人。’同样,‘他不知道+是>他是不知道。’‘我搞错了+是>我是搞错了/是我搞错了’(这个例子说明深层结构

里的一个内容在表层结构里可以有不止一种形式)。'你搞错了,是不是?'这样的句子可以作为旁证。

由高一级的谓语转成前谓语,这种说法也可以应用于一部分(不是所有的)'助动词'。例如,'他忘了这件事+会>他会忘了这件事。''他不知道+不能>他不能不知道。'

[91] 赵元任在他的《中国话的文法》95页脚注中说,小句作谓语之说的创始人是陈承泽,他在《学艺》杂志1921年第2期里说:'得以句为说明语。'

[96] 从这里所引的一系列句子可以看出:第一,在一定的环境里,有时候难以决定一个名词加一个动词是否构成一个主谓短语,例如(9)'他问我去不去,'可以分析为'他问+我去不去,'也可以分析为'他问我+去不去'(本文采取的是后一种分析)。第二,也是更重要的一点,那就是,在一定的环境里,一个动词短语跟一个主谓短语的作用相同。拿(8),(9),(10),(11)四句来比较,(11)'他问我你去不去'里边的'你去不去'是主谓短语形式,而(8)'他问我可不可以去'里边的'可不可以去'是动词短语形式,主语'他'没有说出来,(9)'他问我去不去'里边的'去不去'也是动词短语形式,主语'我'没有出现,(10)'他问我能不能去'里边的'能不能去'也是动词短语形式,主语'我'或'他'没有说出来。按汉语的习惯,(8)和(10)里的'他'是可以说也可以不说的,(9)和(10)里的'我'则照例不说出来。(翻译成另一种语言,比如英语,这四句里边都要用主谓短语形式,(8)(9)(10)里的'他'和'我'都得露面。)这么一比较就看出来,作为这种句子格式的一部分,动词短语跟主谓短语的作用相同。

推而广之,可以说凡是动词短语都有主谓短语的作用,因为只要有动词,就有‘表述’(predication),这个动作系属于哪个事物,总是可以从上下文推定的,不管有没有代表这个事物的名词(或代词)安在动词的前边。例如(2)(3)(4)(5)(6)的‘另写一篇’,(6)明白说出是‘我’写,(2)(5)隐含一个‘他’,(3)(4)隐含一个‘你’或‘我’或‘他’或人名,(3)的‘他’是主语以外的另一个‘他’,(4)的‘他’是同一个‘他’或另一个‘他’。一个独立的表述是一个句子,那是在一般情况下非有主语不可的。一个不独立的表述,有没有主语就不一定了。西方语言的动词分别限定形式和非限定形式,限定形式的动词必须有主语,非限定形式的动词原则上没有主语,但是事实上有的也有代表施事或受事的名词或代词伴随出现,只是不叫做主语罢了。汉语动词没有限定和非限定的形式分别(《马氏文通》的‘坐动’和‘散动’只是从位置上分别),只有有主语和没有主语的分别,前者是主谓短语,后者是动词短语,用法不完全相同,但是作用基本上相同,上面已经说了。

西方的传统语法对限定形式的动词和非限定形式的动词区别很严格,只有前者可以构成句子或小句,后者只能构成短语,即使伴随着类似主语的名词或代词也还是短语。但是也有些语法学家不愿意受这种拘束,把由非限定形式的动词组成的短语也叫做小句。例如 1961 年出版的 Ralph B.Long 的《句子和它的各部分》里边就有‘不定式小句’和‘动名词小句’(他的动名词包括分词)。讲得更加全面的是 1972 年出版的 Quirk 等四人合著的《当代英语语法》,那里边把小句分成三个类型:(1)限定形式[动词]小句,(2)非限定形式[动词]小句,其中包括‘不定式小句’和‘分词小句’(他们的分词包括动名词),(3)无动词小句。比他们更早的 O.Jespersen 在他的语法理论里有很重要的一环就是 nexus 的理论。他彻底破除只有限定形式动词才能实现‘表述’的老规矩，把各种明显的和隐含的‘表述’纳入一个范畴叫 nexus，这里边不仅包括 Quirk 等人的书里的三种小句，还包括带有实际的‘主语’的抽象名词（动作名词和性质名词）。但是 J.氏不把这一切都叫做小句，而让‘小句’保持传统的范围，大概是因为把‘小句’扩大到像 Quirk 等人的书里的范围，在他那个时代已经不太容易，要连以抽象名词为主体的短语也包括进去就更加困难了——别说是他那个时代，就连现在也不成。（Jespersen 的 nexus 理论见于他的各种著作，主要是《语法哲学》第九、第十章。）

[98] 这里所讲的把若干最简单的句子综合成比较复杂的句子的例子，大体上就是转换生成语法的析句造句法的内容，其实也就是传统语法讲造句的通俗化形式。所不同的（这可是个很大的不同！）是，转换生成语法要把所有的步骤都化成严格的‘规则’，并且把这些规则按严格的先后次序排列成套。要求一切严格化，形式化，必然带来困难。例如排列规则的先后，往往是一种次序适宜于对付一种句式变化，另一种次序适宜于另一种句式变化，可是一种规则系统不能容许有两种次序。搞这种规则系统，可以训练人的逻辑思维，跟计算机打交道更非如此不可。可是如果对方是人而不是机器，也许采取随机指点的方式更容易收效。

‘局部发达’最突出的例子是长而复杂的‘的字短语’，在翻译文章里最容易遇到。例如：

这就是一切有觉悟的共产主义者的任务，也就是每一个要做共产主义者的青年，明确地认识到加入共产主义青年团之后就负起了帮助党建设共产主义，帮助整个青年一代建设共产主义社会的责任的青年的任务。（列宁）